U0052990

龍王信仰探秘

苑 利 著

東大圖書公司

自　序

搞民俗難，搞信仰民俗更難，至少我認為是這樣。因為與其他學問相比，民俗學者除需具備足夠的知識儲備外，還必須像個體力十足的農夫，吃得起辛苦，耐得起寂寞。否則，就不可能獨自一人，爬山涉水，深入邊鄙，得到你所需要的第一手資料；說搞信仰民俗更難，是因為在中國的主流文化中，聖人們對鬼神歷來批判有加，但與之相對，民間不但信鬼仰神，且篤信至極，以至於綿延數千年，迄今未絕。這樣，民間信仰與正統觀念便不可避免地會產生激烈摩擦乃至衝突。也許有人會以為這是1949年以後意識形態發生突變的必然產物，其實並不盡然。春秋時期的孔老夫子不就「不言怪力亂神」嗎？二十世紀三〇年代的「鄉村建設運動」，不就是將反對迷信作為新生活運動的重要一環嗎？當然，我們也並不否認，文化大革命中，人們反「迷信」的意識得到了進一步飆升，以至於發展到了人人自危的程度，生怕哪一天自己頭上梳的小辮兒、耳朵上戴的耳墜，都會成為封建主義的尾巴。有了這樣一個長達數千年的「政治」背景，學者在以「官方」身分——至少地處偏遠的老鄉們常把我們這些胸前掛著照相機的人當成是中央派來的記者——進行信仰調查時，所遇到的重重障礙也就不言自明瞭。也難怪，當地人誰知道你是在與信仰者同流合汙？還是在摸人家的底牌？這樣一來，你就不得不花上更多的時間，說明你的來意，直到說得你口吐白沫，誠實的鄉下人才會將他們心中的祕密洩露給你。當然，隨著大陸的思想解放，人們也變得更加寬容起來，但一朝被蛇咬，十年怕井繩，進行信仰調查仍存在相當難度。

出於上述考慮，最初我還是迴避了這個問題，而進行我比較擅長的文本研究。但兩個月後，現實不得不使我改變初衷——我發現，僅憑北京各大圖書館的現有資料，幾乎無法完成這部書稿的寫作。唯一的辦法便是以現有文獻為背景，對民間殘存的祀龍祈雨習俗進行詳盡調查，並在此基礎上，完成這一課題。

為什麼一定要選定祀龍祈雨這樣一個主題呢？原因很簡單：中國是個農業大國，農業是它的經濟命脈。在農作物生長諸要素中，水利又是其中最關鍵的一環。而我們所要研究的龍王信仰正是在這個基礎上產生的。因此，研究龍王信仰，對於研究中國、特別是華北地區的農業信仰民俗，具有重要的學術意義。

接下來便是調查地點的確定。其實，抗旱祈雨並不是北方人的專利。在南方，即或在河渠縱橫的江南水鄉，乾旱的發生也是常有的事。但我最終還是選擇了包括山西、河北、北京、天津在內的華北地區。這是因為與其他地區相比，這裡的旱災頻仍，因此也更具代表性。其次，這裡是中原文化的核心區域，史料記載相對豐富。其三，與祈雨有關的神龍信仰以及後來從印度傳入中土的龍王信仰，與這個區域均有著相當密切的關係，因此，研究中國的祀龍祈雨習俗，華北地區無疑是個較好的選擇。

提到龍王信仰，人們往往將它與「迷信」二字聯繫在一起，但對於這種被稱之為「迷信」的文化現象為什麼能夠傳承至今，其中究竟包含有怎樣的合理成分，它對社會的發展究竟發揮過怎樣的作用等諸多十分關鍵的問題，則很少有人問津。那麼，我們應該如何評價龍王信仰這一無法迴避的社會現象呢?

鍾敬文先生在指導拙論的寫作過程中，曾對筆者說過這樣一段話。他說，要正確認識龍王信仰，首先必須具備一種質樸的歷史眼光。所謂歷史眼光，就是將歷史上曾經發生過的文化現象還原為歷史，並在特定歷史環境中去考察它存在的意義與價值。同時，還應具備一種高屋建瓴式的現代眼光，即能從今天的這樣一個高度去評價歷史。如果我們將龍王信仰放入生成它的特定的歷史環境，就會發現其豐富的內涵絕不是「迷信」二字所能概括的。事實上，龍王信仰中不但蘊涵有許多朦朧的前科學思想，同時也包含有相當豐富的民間智慧。而這正是我們以往所沒有注意到的。只是當時的人們知其然而不知其所以然，尚不能從根本上指出產生這一文化現象背後的規律，最後只能為這些費解的自然現象披上一件神祕的外衣，並使這一具有前科學色彩的民間傳承，最終跌入迷信主義的泥潭。多年來，我們一直試圖利用強制手段根除這些所謂的「迷信」現象，但往往事與願違，其最根本的原因即在於我們在否認「迷信」的同時，也否認了其科學的一面。歷史上，科學與迷信常常並蒂而生，淮南王煉丹煉出了豆腐，勘輿家察風看水無意中為人類提供了最佳家居模式。如果我們只看表像不看結果，簡單而粗暴地將其一棒子打死，萌發於民間社會的科學思想，無形中也就成為了文明的棄嬰。這種做法對於我們認知大千世界顯然有百害而無一利。試圖將二者截然分開的做法，也只能說明我們思想上的幼稚。我們今天所做的工作，就是要用科學的世界觀去解析它們之間的關係，還歷史以本來面目，並從繼承中求得發展。

此外，在分析龍王信仰這一傳統觀念時，我們還應該充分意識到作為第二現實的龍王信仰，對於社會秩序的建立所產生的積極影響。

華北地區的祈雨活動，絕大多數都是通過巫術行為來完成的。這種祈雨方式就像一付鎮痛劑，使已經絕望了的人們在旱魔面前又重新振作起來，並與自然進行最後的抗爭。抗爭的結果可能是無望的，但它卻穩定了民心，維護了人的尊嚴，穩定了動盪不定的社會秩序。也許有人對巫術的這種社會作用不屑一顧，就像有人一直對鴉片的作用耿耿於懷，但在痛苦難耐之時又永遠離不開百無一治的鴉片一樣，非常狀態下的巫術行為給人類帶來的精神慰藉是今人所無法想像的。

今天，我們常常用「人心不古」來評古論今，這至少說明在人們的記憶中，傳統社會人心之美好。那麼在古代，人們既無當代法制觀念，又無現代社會倫理，他們又是憑藉著什麼來建立並維繫著整個社會秩序的呢？調查中我們發現，民間信仰在這方面發揮著相當重要的作用。在龍王信仰中，龍王和雷公除布雨外，還具有維繫社會秩序的功能。在民間，祈雨有成，不但莊稼受益，就是整個村落，也會人望大增；祈雨失敗，不但莊稼難保，就是整個村落的村民也會受到種種責難，使人們不得不認真反省自己，並以此為契機提高自己的道德修養。可以說，每次祈雨，無論成敗，人們都可以在道德層面上得到相應收穫。

應該說，祈雨不是個人行為，而是一種超越階級、超越民族的地域性群體行動。歷史上，自給自足的小農經濟，無時無刻不在瓦解著人們的群體意識。但為了抗旱，同一社區的人們便很容易在共同利益的驅使下，團結一心，共抗天敵。這種大規模的群體行動在強化鄉民社會團隊精神，增強社區群體凝聚力，均曾發揮過重要作用。為切實維繫祈雨共同體的實際利益，祈雨活動不但有嚴格的個人禁忌，一些行之有效的民間習慣法和鄉間民主管理制度也應運而生。這些習慣法為維護地方社會秩序所發揮的作用也是有目共睹的，有些鄉間民主管理制度甚至一直沿用至今，並成為今天鄉村民主管理制度的重要參考。

有人說，龍王信仰是一本已經被人翻爛了的老黃曆，已無多少實用價值可言。社會發展到了今天，可能它確已沒有了多少實用價值，但它對於我們了解歷史，特別是了解最廣大鄉村社會的群眾生活史，卻有著重要的認識價值。作為傳統文化的一部分，我們應該去好好地讀懂它，因為人畢竟是一種具有歷史感的動物，因為畢竟是歷史教會了我們怎樣做人。

苑　利

2003年9月14日於韓國漢城

龍王信仰探秘

目次

第一章

華北地區龍王信仰概說

中國是個農業大國，水利是這一文化的關鍵所在。抓住了水利就等於抓住了中國農耕經濟的命脈一樣，抓住了中國農耕文化中的龍王信仰，實際上也就等於抓住了中國傳統文化中的核心問題。

第一節　華北地區龍王信仰的來龍去脈

對於中國人而言，在動物世界中，龍是我們了解最少的「動物」，但在中國文化中，龍又是我們了解最多的「動物」。對於龍這種動物是否曾經存在，人們說辭不一，對於他的原型到底是什麼，大家也心存分歧，但奇怪的是，人們對他的基本屬性，在認識上卻有著驚人的相似，即都認為龍通常生活在水中，他既可沉淵蓄水，也能登天布雨，與雨水具有著密切的關係。所以，在中國民間社會中，龍王是人們公認的雨神，祀龍祈雨是中國傳統社會禱雨的主要模式。

作為祈雨對象的雨神，龍崇拜的歷史非常久遠，但他絕不是最初的雨神。

據史料記載，殷商以前，人們祈雨的主要對象並不是龍而是山川，這是因為在人們的生活經驗中，雨來自山川中蒸騰而起的雲霧。春秋人計然所作《計倪子》說:「風為天氣，雨為地氣。風順時而行，雨應風而下。」意思是說：風是天之氣，雨是地之氣，風按季節吹，雨順風勢下，天地二氣交合，就造成了風雨。到了漢代，哲學家王充在前人研究成果的基礎上，寫下了《論衡》，對於雨的成因作了更為詳盡的說明。他說儒生們所說的雨來自星斗滿天的天際是不對的。其實，雨實源於地表水的蒸騰，地表水遇熱蒸騰上天，聚攏成雲，而後化作水珠墜落，這就是雨。所以說，雲就是雨，雨就是雲。水氣初為雲，雲濃則為雨，這就是自然規律。雲霧是雨的前兆，在夏季，雲霧變成露，冬季變成霜，暖時變雨，冷時變雪。但無論怎樣說，雨、露、霜都來自地表，而不是天上原有的東西。在漢·許慎的《說文解字》中，這一觀點得到了進一步確認，他說雲是「大澤之潤氣」，是「山川氣」。這一觀念在先秦之前一直是社會的主流觀念，人們當時祈雨時祭祀的主要對象也是山川百源，這一做法直到後來才漸漸為祀龍祈雨儀式所代替，但它並沒有馬上消失，甚至在明清兩代的官祭中我們仍能看到這一儀式的影子。

1–1 龍王像

龍與祈雨習俗發生關係的歷史也相當久遠，甚至在殷商時期的甲骨文中就已經出現了關於造土龍祈雨的紀錄，先秦典籍《山海經》中「旱而為應龍之狀，乃得大雨」的記載，再一次證明了殷商時期就已經出現了造龍祈雨習俗的可能性。但從大量甲骨文紀錄中我們仍可明顯看出，這一習俗在當時並不普遍，因為在大量的有關祈雨的卜辭中，絕大多數卜辭都與龍無關。秦漢時期，龍在祈雨中的作用漸漸顯現出來，但這時的龍並不是儀式主體，而是某種巫術儀式中必不可少的道具。唐代，印度佛教中的龍王思想傳入中土，為與佛教抗衡，以吸收更多信徒，道士們始將道家的五龍說與印度佛教中的龍王思想結合起來，衍生出五龍王說。至宋，龍王受到皇封，從而確定了他在雨神中的正宗地位。流傳至今的中國龍王崇拜以及相關的祈雨儀式、廟宇配布原則，基本上都是在這一時期確立的。

在中國民間信仰中，龍王的神格地位並不很高，但作為供奉龍王的龍王廟，數量卻多得驚人，反映出中國傳統農耕社會對雨水的強烈渴望。

在中國農業社會，除龍王和他的助手神風伯、雨師、雷公、電母外，與祈雨有關的神祇還有二郎神、水母，人格神關公、湯帝以及大量的地方神，但事實上，二郎神及水母只能說是水神，湯帝只能說是一位禱雨有成的英雄，關公之所以與雨發生關係，也多半是地方神「有求必應」泛神話化的必然結果。至於那些關公變龍傳說，至多只能被視為關公傳說的「後結構」❶。個別地方祈雨，常以上述神祇為對象，

❶ 在民間傳說中，關公與祈雨沒有任何關係。但在關公由一個傳說中的歷史人物向神祇轉化的過程中，他的功能發生了深刻變化，關公的神格也由一位歷史上重義輕利的忠義之士，而一舉成為集保護村落、布雨、施藥於一身的綜合性地方保護神。在關公故里——乾旱少雨的晉南地區，人們最缺少的就是救命的

祈雨活動也多被安排在水神廟、湯帝廟或老爺廟舉行，這一方面說明在民間觀念中雨與水沒有太大區別，另一方面也反映出人們特有的鄉土情結和官方文化對地方傳統文化的滲透，如關公祈雨多發生在關公故里，而湯帝祈雨則多發生在傳說中湯帝信仰文化圈內的桑林、析城等晉南地區。但在絕大多數地區，人們都認為龍王才是中國最正宗的雨神。

中國是個農業大國，水利是這一文化的關鍵所在。如同抓住了水利就等於抓住了中國農耕經濟的命脈一樣，抓住了中國農耕文化中的龍王信仰，實際上也就等於抓住了中國傳統文化中的核心問題。對龍王信仰進行全面而深入的研究，不但有助於我們深入了解中國農耕文化的基本特徵，同時也有助於我們對中國傳統文化進行整體上的把握。

第二節　華北地區龍王信仰產生的原因

龍作為一種「莫須有」的動物，影響中國文化數千年而不衰，必然有其來自主客觀兩個方面的原因。其主觀原因便是人

雨水，在那裡，關公的屬性通常被定位為雨神。這既反映了晉南地區民間社會對於雨水的極度渴望，也反映了地方保護神所具有的全方位、多功能的神格特徵。〈五月二十三關公磨刀的傳說〉和〈關公變龍的傳說〉等神話故事的出現，明顯地反映出民間社會對關公神格新屬性的認可，反映出整個民間社會心理需求的不斷變化。

們相信龍能帶來豐沛的雨水，而其客觀原因則是歷史上農業，特別是乾旱少雨地區的旱作農業對雨水的渴望。中國的祀龍祈雨習俗正是在這樣一種社會背景與人文背景下展開的。

一、旱澇在龍：華北地區龍王信仰產生的主觀原因

在民眾觀念中，龍王是主雨神靈，下雨在龍王，不下雨也在龍王。這是龍王信仰產生的前提和條件。在中國，龍有善惡之分，惡龍基本上被定義為發動洪水的龍，而主雨龍則很少被冠以惡名。農業生活從根本上說離不開雨，不管下多下少，下雨總是件好事。如果老天不雨，頂多說今年值年的龍太懶，辜負了鄉姑野夫對他的期待。

在延慶及其周邊地區，龍王廟壁畫左上角多畫有一條懶龍，懶洋洋地盤在樹枝上睡覺。據延慶下營畫廟匠人郭保相介紹，這一帶龍王廟壁畫都這麼畫。在郭保相自己的畫譜中，我們也看到了這條盤在松枝上的懶龍。畫面上，幾個夜叉正在用樹枝像挑蛇一樣往上捅，叫他別再昏睡，起來布雨。民間對乾旱與雨量充沛有兩句形象的說法，一句是「懶龍治水」，一句是「健龍治水」。懶龍治水天必大旱，健龍治水則會風調雨順，五穀豐登。這兩句言及龍王的話語在老黃曆中幾乎屢見不鮮。

當然，不雨還有其他原因，如在民間故事中，龍只是布雨行為的實施者，至於布不布雨，布多少雨，都必須聽命於

最高統治者或他們的家父——玉皇大帝或老龍王。在許多民間故事中都有小白龍可憐天下百姓，私下布雨，玉皇大帝得知後，將小白龍打入重山之下的情節，表現出民間社會對布雨龍王的理解和同情。當然，龍王也有貪杯誤事或因龍王外出，龍母只能委託某凡人幫助行雨，結果反倒幫了倒忙的說法❷，這些情節都是在不否認龍王有布雨能力的前提下編撰出來的「瞎話」，但他對我們認識民眾世界觀，卻具有重要的參考價值。

與民眾生活經驗相聯繫的另一種解釋認為，天旱天雨，與布雨龍王的多寡有關。在中國人的龍王信仰中，龍的數量至多只有十二條，至於每年布雨龍數量的多寡，則完全由當年天干中的辰（龍）日與十二地支的具體搭配有關，配上第幾位地支，就是幾龍治水。

與常人理解不同的是，並不是龍越多雨水也就越多，相反，龍多反而誤事。流傳在山西長子縣的一首民歌唱得好：「人多亂，龍多旱，母雞多了不生蛋，孩子多了生活難。」其實，類似謠諺古已有之。如《農政全書》就有「多龍多旱」的說法。在民間傳承中，一龍治水表洪澇，十二龍治水表乾旱，十二地支中的初七日逢辰，則表七龍治水，雨量適中。就像「牛馬年好種田」的俗信一樣，幾龍治水的說法具有多少科學道理很難說，但事實上，民間社會已經將它當成了表述雨多雨寡的代名詞，當成了一種表示雨水盈缺的象徵符號。

---

❷ 〈李衛公靖〉，《續玄怪錄》。

幾龍治水的說法很容易使人們聯想到三個和尚沒水喝的故事。「龍多不治水」所反映的是否就是我們這個古老民族的劣根性呢?

在小農經濟社會，以封建家長制為核心的封建大家族的規模如何，是衡量該家族能否立足社會的重要尺度。為確保本家族永遠立於不敗之地，整個家族必須團結起來，共同禦外。兒子不能分家，手藝不能外傳，就連媳婦窩藏幾個私房錢，也會被視為是在破壞整個家族的經濟基礎。為確保家產不致外流，於是出現了三世同堂、四世同堂，乃至五世同堂者。權力，特別是財力，在這裡達到高度集中。但另一方面，這一結果又導致了「大鍋飯」思想的形成。家庭成員間所具有的不是彼此競爭，而是相互攀比，誰也不願多出一份力，但誰也不願少拿一文錢。農民口頭禪中經常提到的「龍多不治水」，所反映的也正是這樣一種社會病態。

在民間信仰中，人們只知道龍是布雨者，但很少有人會意識到龍也是乾旱的製造者。正是由於龍的作用，人們一直處於乾旱的威脅之中，這條「龍」便是「旱魃」。

歷史上，旱魃是中國文化史上資格最老的一位旱神，因是女性，又名女魃。最早提及旱魃形象的是《玉篇》所引《文字指歸》，云:「女妭（同魃），禿無髮，所居之處，天不雨也。」看來，這個旱神原來只是個禿頭女子，後來才在此基礎上發展成了赤裸裸的醜女。因為女魃相貌醜陋，禿頭裸體，形如死嬰，故民間又有視死嬰、畸形兒為旱魃的說法。如果某婦生下死嬰或怪胎，眾人便會稱某婦已然化龍並產下旱魃。這時人們就會將產婦拖至河中，冷水潑身，讓她承認自己變龍並產下旱魃的實情，民間將這一惡俗稱為「澆龍母」。據史料記載，旱魃與龍本無關係，但在民間傳承過程中，不雨的旱魃與布雨的神龍卻漸漸有染，其內在邏輯是：生死嬰或畸形兒者人稱「龍母」，而死嬰或畸形兒又常被視為「旱魃」，於是旱魃便順理成章地成為龍的「傳人」。

在人們的觀念中，乾旱不雨的原因除龍王不雨或旱魃為虐外，老天報應也是一個重要原因。從積極方面說，它反映了人類可貴的反省精神，在社會秩序的維護與建設方面發揮了督導作用；但從消極方面說，它客觀上扭曲了天人之間的關係，使人類本來就很模糊的自然觀變得更加撲朔迷離，人類在抗旱活動中也常會因此而貽誤戰機。

通常，人們認為因果報應思想源於印度佛教，其實，作為一種世界觀，它在中國歷史上很早就出現了。在湯禱神話中，商王克夏之後，天下大旱五年。這時的商湯沒有去興修水利，而是身禱桑林，說：「余一人有罪，無及萬夫。萬夫有罪，在余一人。無以一人之不敏，使上帝鬼神傷民之命。於是剪其髮，磨其手，以身為犧牲，用祈福於上帝。」面對蒼天，他不斷反思自己：「政不節與？使民疾與？何以不雨至斯極也！宮室榮與，婦謁盛與？何以不雨至斯極也！苞苴行與？讒夫興與？何以不雨至斯極也！」結果，「言未已而大雨，方數千里」。

在古人看來，天災源於人禍，解除旱情的最根本辦法，就是人類對自身的深刻反省。即《晏子春秋·內篇諫上》所云的「人行善者天賞之，行不善者天殃之」。對於天子來說，「天子為善，天能賞之；天子為暴，天能罰之」；對於布衣，則「積善之家必有餘慶，積不善之家必有餘殃」。在董仲舒的鼓動下，這一思想在漢代被上升到哲學層面，演繹出了著名的「天人感應」學說，認為「災者，天之譴也；異者，天之威也」。「凡災異之本，盡生於國家之失。國家之失乃始萌芽，而天出災害以譴告之。譴告之而不知變，乃見怪異以驚駭之。驚駭之尚不知畏恐，其殃咎乃至!」但對於更多的人來說，造成如此大面積旱災的禍首不可能是普通百姓，而只能是稱霸一方的上層統治者。為什麼會是這樣呢?《洪範·五行傳》是這樣解釋的:「君持亢陽之節，興師動眾，勞人過度，以起城邑。不顧百姓，臣下悲怨。然而心不能從，故陽氣盛而失度，陰氣沉而不附。陽氣盛，旱災應也。」面對此種解釋，歷朝歷代的統治者居然沒有一點微辭，這從另一方面也說明天人感應學說是何等的深入人心。面對旱魔，統治者們所能採取的唯一方式，就是通過捫胸自責，改惡從善，乞求上天的寬恕。《通鑑綱目·三編》載：洪武三年（1370年）大旱，朱元璋素服草履，設槁席於天壇露坐。「晝曝於日，夜臥於地」，一連三日，直至天降大雨。朱弁《曲洧舊聞》卷三載：宋代官員張文懿「憂民出於至誠」，曾禱雨於陸史君廟，對神盟誓說：「神有靈，即賜甘澤。不然，咎在令，甘願曬死。」

除自懲行為外，歷代官員更看重反思後的行動。為求得上天的憐憫與寬恕，人間的官員們，上至皇帝，下至會首，無不忙於搜尋闕失，審理冤獄，撫恤貧乏，掩埋路屍，禁葷斷欲，節衣縮食。這與面對洪水等其他自然災害所體現出的觀念是有所區別的。

儘管從學理角度人們已將天旱原因歸咎給了上層官員，但事實上，民間並不否認自己對旱災所應負的責任。特別是對於那些區域性較強的旱災，更容易使他們聯想到自己的過錯。

在民間信仰中，導致天旱不雨的原因多被界定在倫理範疇，如欺老虐幼、糟蹋糧食、褻瀆神靈、男盜女娼等等，至於那些殺人越貨者，雖罪大惡極，但很少有人將他們的暴行與乾旱聯繫在一起。這一點從龍王廟中「龍抓媳婦」的雕塑以及「五雷轟頂」一類的壁畫中也不難看出。

既然懲惡已經被嚴格限定在廣義的道德範疇，它的警醒力當然也就會遍及到社會的各個方面。一個人可以無罪，但不會無過，於是乎，反思自己及自己周邊人在道德方面的過失，便成為整個禱雨過程中每個人都必然經歷的心路歷程。當然，這只是對常民而言，對於那些祈雨儀式中的中堅分子——善愚來說，這麼做當然還遠遠不夠，因為儘管他們都是「好人」，但是他們請求上天饒恕的絕不僅僅是自己的個人過失，而是整個社區的過失與罪惡。人們推選他們做善愚，也是想通過他們，將社區中每個人的謝罪心理都淋漓盡致地表述出來。他們重任在肩，僅憑幾句說辭，是不可能打動上天的。

因此，除了那些連篇累牘的懺悔外，另一種，同時也是最為「有效」的方式便是自我摧殘。人們將這種通過自殘來達到祈雨目的的做法叫「惡祈」。惡祈的方式很多，有在火辣辣的陽光下肩扛滾燙而鋒利的鍘刀的，有在胳膊上燃香、扎刀的，有用鐵鐵貫頰穿腮的，也有扮成罪犯讓人用鐵鏈鎖住鎖骨叫人拉著走的。方式不同，但心理相通，都希望通過自殘，取得龍王老爺的同情與憐憫並早日得到久違的甘露。

二、華北地區龍王信仰發達的客觀原因

識寶傳說是中國傳說故事的重要類型之一，很早就產生了。由於時代的不同，在識寶傳說中，人們對「寶」的界定並不完全相同。

在古老的傳說中，遠古人將能解決人們生活中實際問題的東西叫「寶」，春秋戰國以後，代表時代最新科技成果的玉器、寶劍成為當時寶物中的寵兒。唐以後，隨著西域文明的湧入，西域珠寶熱也影響到我國，夜明珠、避水珠一時間又成為盛唐時期識寶傳說中的寶物極品。這一切，都反映出不同時代的價值觀對民間傳說所產生的深刻影響。但這僅僅是問題的一個方面，事實上，由於地域的不同，人們對寶物的認知也是不盡相同的。

在乾旱少雨的黃土高原，相當部分的識寶傳說都與泉水有關。明代陳洪謨《治世餘聞》中記載了這樣一則傳說：弘治年間有回回進貢，路過山西某地，見一老百姓正在泉邊汲

水，回回便提出要買。老百姓以為他是在開玩笑，隨口說千金才肯出讓。誰知回回馬上掏出錢來。老百姓趕快聲明:「這是開玩笑的，世上哪有買泉的? 再說，你怎麼帶走呢?」回回一聽生了氣，於是官司打到縣裡，又鬧到府上，價錢雖一提再提，回回總是欣然應允。最後不得已，只好賣給他。回回取來斧鑿，循泉入深穴，探得泉源，取了下來，原來是塊石頭，水正是從石中流出的。太守問:「這是什麼東西?」回回答道:「水火乃天下至寶，火寶猶可得，水寶就難尋了。這就是水寶。有了它，也就有了取之不盡用之不竭的泉水了。」說完，帶上石頭，高高興興地走了。

以泉為寶，至少說明以下兩個問題：其一，識寶傳說中主人公的國家肯定缺水，不然誰也不會花鉅資買泉，更不會將泉視為水寶；其次，泉的所在地肯定缺水，不然，當地人誰也不會一而再，再而三地打出高價，最後在官府的裁判下才不得已將自己的泉高價賣出。在一些傳說中，泉中的寶物是被盜走的，有的甚至圍繞著盜寶與護寶還展開過生死較量。這類傳說主要集中在乾旱少雨的山西、陝西、甘肅、寧夏、青海等西北諸省，反映了水在當地人心目中所占位置，也反映了來自西域荒漠的胡人對於水的渴望。這一點與雨水充足地區的識寶傳說及南蠻識寶型傳說是迴然有別的。

造成華北地區乾旱少雨的原因主要是它位於東亞季風區的北部，夏季風每年來得遲，去得早，降雨主要集中於夏季，愈往北集中的程度越高，集中的時間也越短。一些專家認為，如果將有限的雨水均勻地分佈於這一地區農作物生長發育的各個階段，華北地區的旱情將會得到大大的緩解，但由於這裡的降雨量主要被集中在夏季，加之黃土高原坡陡土堅，植被破壞嚴重，土壤蓄水能力差等諸多因素的限制，使得這一地區旱災頻頻。每逢大旱來臨，渠乾河枯，赤地千里，饑民們只能易兒鬻女，奔走他鄉，甚至碎肉割屍，充饑果腹。據1930年3月1日《民國日報》載，二十世紀二〇年代末三〇年代初，陝西漢中一帶連年大旱，饑民遍野，「道上有餓斃者甫行仆地，即被人碎割，血肉狼藉，目不忍睹」。在這種惡劣的自然環境下，事實上人們已經失去了與自然抗爭的能力，人們只能將唯一的希望，寄託在他們心目中的雨神——龍王老爺的身上，華北地區的龍王崇拜正是在這樣一種社會背景下產生的。

第三節　龍王信仰在華北地區抗旱經驗中的位置

直到為研究華北地區龍王信仰而與朋友們閒聊時，我才突然意識到，不知從什麼時候開始，現代人類對自己的歷史竟然是如此陌生，以至於許多人都認為祀龍祈雨是華北地區民間抗旱的唯一方式，所謂的傳統就是「迷信」。

應該說，祀龍祈雨是華北民間抗旱活動的重要一環，但並不是它的全部，甚至不是它的最主要的方式。準確地說，祀龍祈雨習俗只是常態生產經驗的一種補充，是生活空間進入非常時態，泉乾渠斷，人們根本無力與嚴酷的大自然進行常態抗爭後的一種無奈選擇。而在風調雨順的年景，人們也許會順便去廟中感謝一下龍王，逢年過節，去廟中燒上一爐清香，但人們考慮更多的還是如何憑藉著自己的勤勞與智慧，利用好有限的水利資源，以換取農業的豐收。這也是華北地區水資源備受重視的原因。

乾旱少雨的社會現實，無時無刻不在強化著這裡民間社會的節水意識，甚至可以說，華北旱區的節水意識，幾乎體現在民間生活的各個方面：在飲食方面，這裡的人多吃酸粥酸飯，而很少吃麵，原因是吃麵易渴，吃酸解渴；為了能使庭院下的旱井貯存足夠的雨水，這裡平頂房的房頂幾乎一律前傾，這樣，落在房頂的雨水就會很自然地順著斜坡流入庭院裡的旱井；雨水的缺乏使洗衣成為困難，為盡可能地節約水資源，人們經常用積蓄下來的雨水洗衣，洗衣時先淺後深，循序漸進。為了節約用水，這裡的人們已經在無形中為水的利用，制定出許多程式，如淘米的水可以洗菜，洗菜的水可以餵豬飲羊；洗衣水可以洵抹布，洵抹布的水可以澆園等等。水在循環利用中實現著它的最高價值。旱區民眾對水資源的充分利用，對於那些雨水豐沛地區的人們來講，有時甚至會達到令人不可思議的程度。

歷史上，北方旱區民眾很早便意識到了水資源對於農業生產的重要。只是由於受到經驗、技術等各方面因素的限制，早期人類利用更多的當然還是雨水，以後才慢慢地注意到對河渠泉堰的開發與利用，這也是中國早期文字甲骨文中天氣占驗極為豐富的原因之一。這些卜辭表現了遠古人類對適時喜雨的企盼和對淫雨的畏懼，反映了古人對雨水患得患失的矛盾心理。

此後，隨著科學技術的進步，人們對水資源的開發與利用，也表現出了極大的熱情。《詩經·白華》中「滮池北流，浸彼稻田」，描述的就是西周時期灌溉業的發展盛況。此後《考工記》中「匠人為溝洫，廣二尺，深二尺，謂之遂；九夫為井，井之間廣四尺，深四尺，謂之溝；方十里為成，成之間廣八尺，深八尺，謂之洫；方百里為同，同之間廣二尋，深二仞，謂之澮，專達於川」的紀錄，則表明中國的灌溉技術已經步入了標準化時代。從春秋戰國直至秦漢，是中國灌溉業迅速發展的重要時期，西門豹的引漳溉鄴工程，秦國興建的鄭國渠工程，都是這一時期的水利傑作。這些工程大多集中在北方旱作農業區，並成為這一地區的農業傳統。

漢代，是中國歷史上氣象學最為發達的時期之一，據《漢書·藝文志》記載，僅兩漢時，流行於世的氣象學專著就有十餘部之多❸。此後的三國、魏晉及稍後的隋唐，北方灌溉業也都有不俗業績，這種情況一直持續至今。

❸ 如《黃帝雜子氣》三十二篇、《泰壹雜子雲雨》三十四篇、《國章觀霓雲雨》三十四篇、《泰階六符》一卷、《漢日旁氣行事占驗》三卷、《漢日旁氣行占驗》十三卷、《漢日食月暈雜變行事占驗》十三卷、《海中日月慧虹雜占》十八卷等。

1–2 灌溉用水渠

總之，華北地區的農業文明，始終是圍繞著水資源的利用與開發展開的。然而，華北地區水資源畢竟有限，這些地區水澆地所占比例仍然很小，絕大多數旱田用水，仍然依靠天雨。然而，天雨又很難截留，更何況這些珍貴的雨水多集中在春旱、夏旱之後的七、八月份，因此，大旱來臨之時，渠乾水斷之後，人們只能通過祈求龍王，來保佑農業豐收，華北地區的龍王信仰就是在這樣一種社會背景下產生的。

還需要進一步說明的是，即或在宗教層面上，龍王也不是華北地區祈雨儀式中的唯一神靈。以山西河曲縣下榆泉為例，1945 年以前，這個村共有五道廟、龍王廟、三聖廟、水神廟、三官廟等廟宇五座，其中，三聖廟最大，是附近五村四社三十六馬道的信仰中心。廟中主祀是被當地人稱為玉帝或老龍王三太子的三聖爺，這是個典型的地方神。作為方神，他雖然具有多種功能以解決百姓的日常之需，但其主要功能卻是布雨。人們相信，只要有三聖爺保佑，這裡的莊稼就會六禾興旺，五穀豐登。為了萬無一失，除三聖廟外，下榆泉還有一座龍王廟。祈雨時，除禱告方神三聖爺，同時還要祭拜龍王。在下榆泉，禱雨過程中還有一個不可或缺的神靈，這便是水神，也就是人們常說的井神。水神廟位於下榆泉村的村井旁。據村民回憶，那是一座不大的小廟，但每次祈雨取水，都要在這裡舉行，它的實用功能甚至不亞於三聖廟。

1–3　井神

作為封建社會肌體的一個細胞，下榆泉村的神靈系統具有著明顯的「一元化」特點，即以玉皇大帝三太子——三聖爺為核心，建立起一套完整的神祇體系。但從另一方面看，這裡的神靈體系也具有明顯的諸如機構重複設置的問題。首先，這裡的民眾先是將玉皇大帝的愛子（中國習慣上將幼子或三太子理解為父母的最愛）封為這裡的方神，讓他主管布雨。但就是這樣，當地村民還是放心不下，又建起龍王廟，並將民間信仰中的布雨神靈——五龍王請來。這樣一來，只要玉帝有令，三太子就會立刻傳旨給這裡的五位龍王，上下級溝通相當順暢。然而，當地人還是放心不下，又請出水神坐鎮，直接督察取水。民間信仰中神靈機構煞費苦心的重疊設置，一方面反映出民間社會由對現實官僚體制的不信任，進而演繹為對整個神靈世界官僚體制的擔憂；另一方面也反映出民間社會對於乾旱的恐怖和對雨水的渴望。

總之，在華北地區農耕文化中，龍王信仰既不是農耕文明的全部，也不是可有可無的擺設。從宏觀角度看，它只是對常態抗旱經驗的一種補充；從微觀角度看，它只是華北地區雨神信仰的一種。但由於這一地區從古至今旱災頻仍，再加之龍王信仰底蘊深厚，所以，歷史上龍王信仰一直伴隨著這一地區農業文明的發展進程，並成為華北地區農業文明中不可或缺的重要組成部分。

第二章

龍王廟中的神靈世界

在民間信仰中，龍王既是布雨行為的實施者，同時也是社會秩序的堅強維護者。他就像一名威嚴的執法者一樣，與配祀神雷公、電母一道，共同維護著傳統道德的尊嚴。

第一節　壁畫中神靈世界的組織結構

在探討龍王廟諸神源流之前，我們先從宏觀角度看一看龍王廟在神靈表述過程中所採取的表現方式及佈局方面的主要特徵。這對於我們從整體上把握民間信仰中布雨集團的神界組織關係、社會分工、諸神靈發展演變規律以及傳統意義上的民間祈雨習俗都具有重要的參考價值，是我們走進神靈世界，探尋神界組織關係，把握布雨諸神演變規律，了解至少是 100 ～ 300 年前華北地區民間祈雨習俗的一條非常有效的途徑。

在中國，龍王廟的建制並沒有一定之規，有的規模較大，自成體系，有的規模較小，與其他神靈共用一處香火。在許多偏遠山區，常能在路邊田頭看到不足一人高的小廟，裡面沒有壁畫，沒有塑像，有時簡單到只有一個用紙寫成的牌位和兩個用罐頭瓶做成的香爐。廟的規模如何，一方面取決於該廟神主的「靈驗」程度與管轄區域，同時也取決於各級地方政府或社區組織對他的關注程度。但無論哪一種，只要上了一定規模，正殿牆壁留有一定空間，人們便會請來畫廟藝人，為龍王廟佈置一番。

龍王廟對布雨神靈的表述方式，主要可分為雕塑與繪畫兩部分。雕塑又可分為泥塑與木刻。泥塑是指用泥麻等原料雕塑出來的神像，而木刻是指用硬木雕刻出來的神像。由於泥塑、木刻這兩種表述方式費用較高，所以僅用於布雨集團中主要神靈的形象表述。在一般的廟宇中，被雕塑得最多的是五龍和他們的母親，在場所比較寬裕的龍王廟，雷公、電母、風伯、雨師也常在被雕塑之列。雕塑後的泥像大都被施以彩繪，有時用油彩，但最常見的還是水粉。與許多民間繪畫相一致的是，泥塑彩繪所使用的都是色彩的原色而不是調色，不存在色階上的過渡，看上去色彩單純，對比強烈。民間五龍及龍母的畫法基本是程式化的，人們甚至通過服飾、臉色就可知道誰是白龍，誰是黑龍。而木刻者多利用木頭的原色，而很少施以彩繪。木刻者所用木料比較講究，除要求木材堅硬外，還要求木質細膩、不易開裂。常用的木料有榆木、檀木、楠木和梨木。在龍王廟中，五龍及龍母幾乎無一例外地被供奉在坐北朝南的神臺上，而雷公、電母、風伯、雨師等作為配祀神則多被供奉在東西兩側。

壁畫，是中國廟宇中頗為常見的宗教藝術，在宗教信念保護下，許多傳統壁畫都被完好地保留下來。現在人們在研究中國古代服飾習俗、歌舞藝術、市井民俗時所使用的古代繪畫資料，絕大多數都取自廟宇壁畫。

利用壁畫宣傳教義，既是宗教壁畫產生的基本原因，也是宗教教義通俗化的重要手段。許多宗教在無文字社會中之所以能迅速普及，壁畫傳媒的宣傳作用不可低估。

與其他宗教一樣，在中國的龍王廟，特別是在與龍王「誕生」有關的五龍廟或龍母廟中，都有與五龍誕生有關的壁畫

2–1　龍王廟室內全景圖，山西朔州肖西河底村龍王廟。

或塑像，但更多的龍王廟，則由於規模的限制，人們只能利用正殿東、西、北三面牆體，通過繪畫方式來表述他們對龍王世界的理解，並形成一整套相對固定的表現模式。

與其他宗教壁畫不同，龍王廟的壁畫有著極為獨到的藝術佈局。通常的規則是，正殿北牆多有一組以龍王家族為主，有時也夾雜有其他布雨神靈的群像。民間稱之為《五龍聖母全圖》，在這組群像中，龍母頭戴鳳冠霞帔，端坐正中。五位龍王頭戴梁冠，手持象牙笏，簇擁著母親。在延慶下營老藝人郭保相給我的畫稿上，五龍聖母的整體佈局呈拱形，老人解釋說那是因為紙小，其實也應是一列橫排。她的五個兒子——五龍王，三左兩右，簇擁著自己的母親。為了取全福之義或考

2–2 五龍聖母全圖，山西朔州肖西河底村龍王廟。

慮到視覺上的對稱，有時在龍母左邊，也就是在中國古代被稱為下座的地方，安置著五龍王的父親。當然，這種情況一般僅限於普通龍王廟。在眾多龍母廟中，則絕無老龍王的身影。民間文本解釋說，龍母本是未婚處子，因誤食上游漂來的一顆桃子或是別的什麼果實而偶然受孕。在山西朔州肖西河底村龍王廟的壁畫上，在五龍及龍母左右，還有風伯、雨師、雷公、電母等人。所不同的是，龍王家族的所有成員都是坐像，而風伯、雨師 、雷公、電母等人都是站像，表現出明顯的等級差別。很顯然，他們是作為配祀神出現的。此外在他們的後面還分別站立著「時直（值）使者」、「日直（值）使者」、「月直（值）使者」、「年直（值）使者」及隨從若干。這幅高 174 公分，寬 280 公分的壁畫，基本反映了當地對以龍王為首的布雨集團所有成員的認知程度。

如果說龍王廟正殿北牆壁畫所描寫的是所祀神靈的靜態坐像，那麼，東、西兩牆所著意刻劃的則是五龍王率部下諸將出馬布雨的壯觀場景。

在中國文化中，歷來有以東為上，以東為始；以西為下，以西為終的傳統，這一傳統很可能來源於人類社會對宇宙運行規律——即太陽運行規律的理解。表現在龍王廟壁畫佈局上，就是所有的龍王廟的東、西壁畫，都採取了以東牆為始繪《五龍出巡布雨圖》，以西牆為終繪《五龍得勝回宮圖》的傳統模式。

在山西朔州肖西河底村龍王廟，廟內東壁繪有彩繪《五龍出巡布雨圖》。圖高 230 公分，寬 230 公分。畫面的左邊畫的是龍宮，龍母端坐其中，後有侍女打著芭蕉扇，為龍母搧風驅暑；前廊處有侍女組成的樂隊，有吹長號、笙、簫的，有打扇子鼓、鈸的，原來她們是在歡送布雨龍王的出巡。在龍宮的女樂中沒有絲弦，這一點與祈雨出馬或唱神戲的情形幾乎是一模一樣。圖的中間部分畫的是五位布雨龍王，他們腳踩雲頭，左手持盂，盂中有一條小龍做翻江倒海狀；右手持柳，向下做撒水狀。很明顯，龍王是作為興雲布雨的主體神出現的。

分佈在五龍周圍的風伯、雨師、雷公、電母以及督雨的四值功曹，也都拿出自己的十八般武藝，為五龍上陣助威。畫面下方有橋，橋下水流湍急，在河岸上有勞作、觀望的人群。由於龍王布雨至此，這裡頓時大雨瓢潑，田裡的人們躲閃不及，有的帽子被刮飛，有的慌亂中正急著尋找避雨的處所。畫面形象生動活潑，表達出人們久旱逢甘露時的喜悅。

2–3　五龍出巡布雨圖，延慶縣下營畫匠郭保相手稿。

2–4　五龍得勝回宮圖，延慶縣下營畫匠郭保相手稿。

與東牆相對，肖西河底村龍王廟西牆上的《五龍得勝回宮圖》，反映的則是龍王布雨後凱旋回宮的宏大場面。這幅畫的右面是金碧輝煌的龍宮一角，半掩的水幕，暗示著龍宮位於水下。龍宮中，端坐的龍母，正在翹首等待著龍兒的歸來。後有兩侍女為龍母打著芭蕉扇。龍母桌上放著一隻金麒麟，遠處的雲煙雨霧正被這神獸吸入口中，暗示著興雲布雨的大隊人馬正被龍母召回龍宮。最上方的五個，為官人模樣打扮，他們就是行雲布雨的五龍。遺憾的是這些壁畫大多已殘缺不全，無法在此展示。在延慶郭保相的圖譜中，五位龍王出巡時騎的是馬，而回宮時騎的是鹿。前者隱喻的是「馬到成功」，而後者強調的是「功成名就」。在中國傳統文化中，「鹿」通「祿」，騎鹿象徵著升官發財得俸祿。在世俗眼中，及時布雨的龍王確實為天下百姓立下了汗馬功勞，應該封官加爵。整個圖的下方，描寫的是人間的一派豐收景象。在東、西兩幅壁畫中，出現人物基本相同，所不同的是前者強調布雨者的布雨場面，而後者展示的則是施雨之後諸位布雨神靈的喜悅與從容，同時，畫面中諸位督雨官的作用也被突顯了出來，表現出民眾對他們督察工作的肯定。

在肖西河底村龍王廟壁畫上，神界組織系統一目了然。這一系統大體上是由以下三個部分組成的：

第一部分是興雲布雨行為的管理層面，這一層面的代表人物是玉皇大帝（老龍王）。

第二部分是興雲布雨行為的實施層面，代表人物是五龍王以及他們的輔助神風伯、雨師、雷公、電母。

第三部分是興雲布雨行為的監督層面，他們的代表人物比較複雜，這裡面既有布雨行為紀檢督察官員的四值功曹，也包括玉皇大帝的書判——雨官，同時還包括專門負責技術統計工作的四眼天師。

下面我們先從第一部分——管理層面談起。

正如眾所周知的那樣，在中國民眾思想中，龍王只是布雨行為的具體實施者，布雨的決定權最終還是掌握在玉皇大帝（老龍王）手中。沒有玉皇大帝的准許，沒有玉皇大帝的御印和親書雨簿，五龍王就是有天大的膽子，也不敢隨意布雨。因此，五龍王出馬布雨，必須攜帶上玉皇大帝的御印和他親自頒發的雨簿。帶上御印、雨簿，就等於帶上了尚方寶劍，就會通行無阻，馬到成功。為了表現出這一層面的組織關係，民間社會並未將玉皇大帝直接引入繪畫，而是通過他的屬下手持雨簿、御印進入畫面的側面描寫，來暗示出這位最高統治者的存在。

在肖西河底村龍王廟壁畫上，繪有三組小鬼打扮的人兩人一組抬轎子出行的場景。轎子狀如小廟，尺寸略小於普通座轎，轎中放著一方用黃綾布包裹的大印，據當地村民說，這就是玉皇大帝的御印，有了它，五龍王布雨就會暢通無阻，水到渠成。在山西河曲縣岱岳殿龍王廟壁畫上，大印放在一個由黃綾布做成的包袱裡，由一個官人模樣的人背著。據山西河曲縣坪泉村于貴榮老人回憶，1949 年以前，當地出馬時，隊伍中也有個專背玉皇大帝御印的角色。沒有御印，名不正，言亦不順，所經村落是不會接待的。可見，藝術源於生活，同時也反作用於生活，他們彼此間的互動關係顯而易見。布雨得到御批的另一個標誌就是雨簿的出現。通常雨簿是由玉皇大帝的祕書——雨官掌管的，在民間廟宇壁畫中，雨官常常作為玉皇大帝的代表代行出馬。正因為龍王布雨的決策權掌握在玉皇大帝手中，所以，民間祈雨儀式請全神時，一定要邀請玉皇大帝，並將他奉為主神。在許多民間故事中，經常有小龍王體恤民間疾苦，背著玉皇偷偷布雨，玉皇查出後，將小龍王打入冷宮的情節。這類故事情節的反覆出現，也是在極力強調中央集權制的威嚴。

組成神界系統的第二部分——實施層面是龍王廟壁畫的核心部分。這一部分的主要代表除布雨主神五龍王外，還有他們的助手神雷公、電母、風伯和雨師。畫面中，五位龍王處於中心位置，他們腳踏雲頭，左手執盂，右手執柳，灑水做布雨狀，其主體地位顯而易見。分佈在他們周圍的是他們的四位助手神。狀若力士的雷公擂打著環身轉鼓，美若天仙的電母手持銅鏡發出道道金光，慈眉善目的風婆婆使勁地擠壓著風口袋，狂風頓起，一身仙氣懷抱雨瓶的雨師正協助著龍王向下界遍灑著甘霖。在《五龍得勝回宮圖》中我們還能看到一個手持寶瓶的童子，他就是出虹童子，也就是虹神。

歷史上，虹神是個出現較早的形象，在山東孝堂山郭氏祠畫像和河南唐河針織廠漢畫像中，都留有他的身影。自然界中，虹常常出現在夏季的雷雨之後，與雷雨有著無法割捨的聯繫。在山東沂水漢畫石上，虹被想像成了一條雙頭龍的模樣，兩頭向下彎曲做噴水狀。說明在當時人看來，龍與虹是同體的，也具有布雨功能。民間至今還相信龍之所以能布雨，是因為他布雨前先將頭探入河中，吸足了水分。而雨後的彩虹，正是布雨後到河中補充水分的龍神的投影。在現存壁畫中，出虹童子常被畫在龍王廟西牆上方。這是因為西牆所繪是龍王布雨之後的光景。

2–5　雙首龍虹紋，山東沂水漢墓遺址出土。

和中國歷史上官僚機構重疊設置一樣，中國民間信仰中神祇世界的組織建構也存在著嚴重的機構臃腫問題。如，民間社會一直認為龍神是中國唯一正宗的雨神，就是佛教傳入中土後，這一觀念也沒有受到過絲毫動搖。但由於龍神之外中國道教中尚有雨師存在，所以壁畫中常常出現龍王與雨師一同布雨的情形。在延慶郭保相的畫譜中，雨神身跨麒麟，左手持寶劍，右手端茶碗，灑水做布雨狀。在功能上與龍王的雷同是有目共睹的。這一方面反映出不同信仰在彼此結合過程中所呈現出的必不可免的錯亂，同時也反映出人類社會官僚機構臃腫重疊的社會現實對民間信仰中神祇重複設置的影響。

不消說，龍王廟壁畫，特別是壁畫中的《五龍出巡布雨圖》和《五龍得勝回宮圖》所著意強調的是以龍王為中心的布雨集團的實際功能。出於這一動機，畫面中的所有神祇，都具有某種與布雨有關的神奇法力，他們的區別僅在於具體分工的不同。他們的組合無疑反映出社會大分工，特別是唐宋時期蓬勃發展起來的行會制度給民眾信仰層面帶來的深刻影響——精細分工的結果必然導致各行業間的密切協作。看來，人們在創建神靈世界時，採用最多的依然是他們最熟悉的人類社會的組織管理模式。在整個布雨集團內部，分工相當具體：玉皇大帝負責施雨令的頒發，五龍王負責布雨，雷公、電母負責打雷放電，風伯、雨師負責刮風灑雨，出虹童子負責施放彩虹，四值功曹負責記錄功過，查時驗秒，雨官負責傳達玉皇旨意……，系統運行井然有序，生動地再現了中國傳統社會官僚組織營運模式及社會大分工給神靈系統內部的具體分工所帶來的深刻影響。

構成神界組織系統第三部分的是監督層面。在中國的雨神系統中，除管理層面、實施層面外，還出現了在中國官僚體制建設中很少出現的龐大的監督機構。這一機構的督察功能主要是通過以下三個層面加以實施的：

第一層面的監督來自玉皇大帝（老龍王）的書判——雨官。在中國神靈系統中，雨官是一位出現得比較晚的神祇。

他的原型可能來自中國傳統官僚體制中的書判。書判是州郡府縣各級政府機關一把手的祕書，上稟民情，下傳旨意，替上級監督下級工作，都屬他的職權範疇。在民間信仰中，五龍布雨顯然是在執行玉皇大帝的命令，人們請書判與龍王同行的目的，就是監督龍王的整個布雨過程，以便使之高效、圓滿地完成好玉帝佈置下的各項任務。他的形象通常是手持「雨簿」的雨官。雨簿是玉皇或老龍王頒佈的布雨聖旨，據說下多大雨，下在何處，雨簿上都有詳細記載。在肖西河底村等幾處龍王廟的壁畫上,雨官手持天書似乎是在宣讀聖旨，展開的天書字跡清晰可見，但沒有一個字能看得懂。據村民說因為那是天書。如果有誰真的因看懂而洩漏了天機，他可能也就走到了生命的盡頭。雨官的任務，就是將玉皇或老龍王的指示原原本本地傳達給各位龍王，同時監督他們實施聖旨的整個過程。在延慶畫匠郭保相的《五龍出巡布雨圖》中，身背聖旨手持馬鞭的書判位於畫面的左下角。據郭保相稱，雨官一般有兩個，一紅一綠。因為畫譜小，只畫了一個。在延慶畫匠郭保相圖譜中，雨官的職責被反映得相當生動。如在《五龍得勝回宮圖》中，有個騎鹿黑龍俯身詢問雨官的場景。

郭保相解釋說，這是黑龍在問雨官:「雨下多來寬?」雨官回稟:「細雨十萬里，豐收萬萬年。」

第二個層面的監督來自四值功曹。四值功曹的原型也來自中國傳統社會的官僚體制。據考，在漢代，功曹是州郡長

2–6　四值功曹中的年值功曹，山西朔州肖西河底村龍王廟。

官的助手，主要負責考查記錄功勞，掌管功勞簿籍，北齊之後叫「功曹參軍」或「司功參軍」。道教興起後，四值功曹一職被引入道教神靈系統，主管神界功勞。郭保相說，龍王廟壁畫上的四值功曹，就是上天派來的督察員，他們監督五龍，檢查布雨時間是否應時，布雨範圍是否合理，布雨程度是否適中，然後回稟玉皇大帝。《西遊記》裡四值功曹與龍王的一段對話中，就有「讓你下清風細雨，你卻下急風暴雨」一類的對白，鮮明地反映出四值功曹的工作性質。

在龍王廟壁畫中，四值功曹的基本標誌是他們分別抱著的「時直使者」、「日直使者」、「月直使者」、「年直使者」的四塊牌子，他們的中心工作就是時時記錄、提醒龍王們布雨的時辰。在中國本土宗教中，對時間有著如此苛刻把握，甚至把時間嚴格限制到了「日」、「時」程度的，恐怕只有龍王信仰。而在其他廟宇的壁畫中，四值功曹這類時間督察使的角色出現頻率是很低的，這反映出世俗社會對龍王布雨在時間上的苛刻要求。在河北赤城縣董家溝，我曾目睹過一次盛大的祈雨儀式。祈雨歸來的農民在跪廟時，苦苦哀求龍王的就是一定要在三天以內下場透雨。祈雨活動一般都是在莊稼旱得實在不行時才舉行，華北地區表土層蓄水能力極低，如遇大旱，不出三五日，莊稼就會全部旱死。這也是為什麼龍王廟壁畫中反覆出現四值使者，而在其他廟宇壁畫中卻很少看到這類神祇的緣故。

第三個層面的監督來自手持雨尺的四眼天師。在龍王廟壁畫中，手持雨尺的四眼天師也是一個不可或缺的重要人物，他的職責是主管丈量布雨範圍，所以他手中的道具是一把古代工匠們常用的魯班尺。據說下在哪兒，下幾寸，都由他來監督。如果說四值功曹監管的重點是布雨的時間，那麼，四眼天師的工作重點則主要放在布雨範圍的監管上。

在龍王廟壁畫中，出場神祇不足二十，但其中僅負責紀檢監督工作的就遠遠超過四分之一。這一方面自然不排除機

2–7　四眼天師，山西河曲縣郊外娘娘灘村龍王廟。

構臃腫的官僚體制對中國雨神系統的影響，但另一方面也不難看出民間社會對於是否能夠得到及時雨水的關注程度。他們的反覆出現，無疑暗示出民間社會對布雨集團的一絲隱憂。這種隱憂表面來看似乎源於民眾透過現行官僚體制辦事效率而對布雨集團表現出的某種不信任，但從根本上說，還是根源於對祀龍祈雨實際功效的疑慮。

在雨神信仰中，農業社會對雨神實施嚴格監督的目的，就是希望能夠及時得到龍王的「恩雨」。所謂「恩雨」，就是龍王為施恩於民而下的好雨。民間社會對恩雨的認定大致有以下兩個明確標準：

一是布雨的及時性。華北是中國農業文明的發祥地，也是中國面積最大的旱作農業區之一。由於這一地區的降雨量主要集中在七、八月份，而急需雨水的四、五、六、七月份雨水明顯不足，從而導致春、夏旱情頻發，民間所謂的「春雨貴如油」，講的就是這個道理。因此，在需水季節是否能得到及時的雨水，往往成為農業豐收的關鍵所在。在禱雨過程中，老百姓對龍王布雨在時間上也都有著明確的時限，大多數情況被限定在三天。三天以內降雨，人們許大戲、供牲，過了三天就是下雨，人們也不會再領龍王老爺的情。因為苗不等人，有三、四天不下雨，禾苗就會枯死，那時再下什麼雨也沒有用了。總之，及時，是好雨的一個重要標誌。

二是降雨的規模。華北地區的降雨主要集中在七、八月份，雨量相對集中，加之這裡植被條件差，表土層淺，蓄水能力低，倘若遭遇暴雨，旱災雖然躲過，但澇災就會取而代之，給人們帶來更大的災難。因此，民間對好雨的另一個要求就是適度。在民間社會中，祈雨說到底是一種巫術行為。為了能得到適度的雨水，取水時，人們對取水的「量」，是有著嚴格的掌握的。人們希望通過自己對取水量的嚴格掌握，來控制龍王的降雨量。在華北地區，人們對雨水有著嚴格的量化標準，通常的做法是以十分制為計量單位❶，習慣上，去山洞中取水的人可以取十滴水——這十滴水意味著「十分的飽雨」。而去泉、井、河邊拜水的人一般只拜三、四分，至多不會超過六、七分。如果超越了這個極限，就會引發狂風暴雨，使作物反受其害。在旱禱儀式中，人們使用最多的一句禱辭就是「龍王老爺下了吧，清風細雨救萬民!」「清風細雨」反映了農業社會對龍王布雨在「度」的方面的要求。當然，這只是人類的一方情願，至於是否能得到希望中的雨量，還要看天上神祇的態度。在民間傳說中，玉皇打上一個盹，忘了頒佈雨令，下界就得大旱十年。龍王貪酒也常常成為誤事的原因之一。為了讓天上的神靈按需布雨，不但布雨時各位神靈要各守其職，同時還要為雨神們建立起一套嚴格的監督機制。在龍王廟壁畫中，天師、書判、四值功曹等督察要

❶ 所謂「十分制」有兩種計算方法：一種是針對到山洞取水的人來說的，他們在山洞洞頂處的鐘乳石上接十滴水，就算是取了十分的飽雨。另一種是針對到泉、井、河邊取水的人來說的，在那裡，如果取到一瓶水，才算是取到了十分的飽雨。

員的出現，說到底，就是要在布雨質量上為龍王把關。在這裡，四眼天師手持雨尺，主管丈量布雨範圍及雨量，強調的是中國哲學中最為敏感的一個話題——「度」；四值功曹則將時間劃分為年、月、日、時四個不同時間段，以限定龍王布雨的及時性；而雨官則手持玉帝聖旨，確保布雨工作的順利實施。在中國傳統文化中，為了能使某項工作得以順利進行而動用了如此龐大的監督機構的，可以說是前無古人，後無來者。它反映出民間社會對雨神的最大企盼。

在民間信仰中，龍王既是布雨行為的實施者，同時也是社會秩序的堅強維護者。他就像一名威嚴的執法者一樣，與配祀神雷公、電母一道，共同維護著傳統道德的尊嚴。這就使得中國的龍王廟在作為祈雨場所的同時，也變成了一塊淨化世俗心靈的聖地。

2–8　龍抓媳婦塑像，山西陽城北崦山白龍廟。

在華北地區龍王廟雕塑藝術中，最能表現這一主題的是一個塑在龍王廟房柁或龍池涼亭頂部的「龍抓媳婦」塑像。與龍王廟中其他龍王塑像或繪畫不同的是，這幅塑像的龍不是人形，而是一幅真龍模樣。他怒目圓睜，騰空而起，一副利爪緊緊地抓著一個驚恐萬狀的女子。當地老鄉在解釋這座雕塑的內涵時，說法並不完全一致。有的說這個女子不孝敬老人，自己與丈夫在被窩兒裡偷著吃雞，直到啃剩的雞骨架掉到尿盆兒裡，這才老不情願地塞給了婆婆。有的說這個媳婦之所以被龍抓去，是因為她自己偷著吃肉，而給瞎眼婆婆吃蚯蚓。還有的說這個媳婦太惡，她在河邊給公公洗衣服，別人問她洗什麼，她說是給老東西洗驢皮……。解釋雖然五花八門，但所涉及的幾乎全部都是道德問題。從傳統道德角度看，這一主題的選定非常到位，因為它抓住了人際關係中最為常見，也最為微妙、複雜的問題——婆媳關係問題，為傳統道德秩序的維護，找到了一個相當準確的切入點。

在維護傳統社會道德方面，龍王的助手神雷公也發揮著相當重要的作用。在華北民間，人們對雷公功能的認定與其說是在布雨，不如說是在社會秩序的維繫。在華北，民間流行的一句最惡毒的咒語就是「天打五雷轟」。在龍王廟壁畫中，誰也管不了的灰人（惡人），最後的下場往往是遭遇雷劈。民間傳說，由於雷公性格暴躁，有時難免會誤劈好人，為防止悲劇發生，雷公在打雷前，一定要讓自己的婆娘先打個閃照照，然後再下手。但倆口子總有配合不到位的時候，失誤在所難免。事情往往就是這樣，人們對這個脾氣暴躁的神靈越是放心不下，就越是敬畏，越是敬畏，就越是放心不下，惡性循環的結果，進一步加劇了雷神信仰的威懾力，使之成為既能布雨又能斷案的具有雙重性格的自然神。流傳在山西壺關的一首民謠這樣唱道:「二月二,龍抬頭,忤逆媳婦發了愁。九月九日收了雷，忤逆的媳婦長了威。」 話語不多，但卻真實反映了民間社會對龍王、雷公在維繫社會秩序，調劑社會關係，懲治不道德行為方面所起作用的肯定。雷神懲惡的觀念並非今人創意,事實上,這一思想早在漢代就已經出現了❷,但當時它的道德規範作用並不十分明顯。其道德規範的建樹,是在漫長的歷史演進過程中逐步發展起來的。進入清末民初,雷神懲惡的觀念才慢慢定位於懲治不孝、通姦、偷盜等倫理範疇。龍王廟也由原來的單一的祈雨場所，漸漸發展成宣講傳統道德的聖地。

第二節　龍王廟主神龍王考

在中國傳統文化中，龍王是最大的雨神。以龍祈雨，在中國歷史上早已有之，但直到唐代印度佛教中龍王思想傳入中國之前，龍一直被中國人想像成類似巨蟒一類的動物。隨著佛教的傳入，龍不但在名稱上被冠以「王」的爵位，而且在形象上也出現了明顯的擬人化傾向，在此後的民間故事及龍王廟的壁畫、雕塑中，龍不再以動物的面目，而是以人的面目出現在公眾面前。

通常人們在提到龍王時，所想到的多是單獨的個體，但

❷　王充著，《論衡·雷虛》。

事實上龍王常被人們說成是兄弟五人，世稱「五龍王」。在民間廟宇中，以五龍命名的廟宇非常多，即或不叫「五龍廟」，廟中也常祀有五龍神位，他們分別是黃龍、青龍、黑龍、白龍、赤龍，並認為青龍居東方，白龍居西方，赤龍居南方，黑龍居北方，黃龍居中央。這五龍、五色、五方的說法，顯然淵源於更為古老的五行思想。

在中國歷史上，五龍的影響廣泛而深刻，即使唐代印度龍王思想傳入中土,也不得不與中國傳統的五龍思想相結合，並繼承了以五色命五龍的文化傳統。這一點就是在龍王思想風頭最盛的宋代也不例外。

印度佛教思想對中國文化的影響始於漢代，但當時傳入中國的是小乘佛教，其中並無龍王思想。但到了唐朝，隨著唐朝統治者對佛教的大力提倡,佛教經典被大量介紹到我國，與龍王信仰有關的幾部經典，就是這時傳入我國的。中國人對雨神的認識，從此翻開了新的一頁。

印度龍王信仰對中國的影響主要集中表現在以下兩個方面：

一是印度龍王之說進入中土後，龍王取代了功能不甚清晰的水神河伯。宋·趙彥衛在《雲麓漫鈔》中說：「古祭水神曰河伯，自釋氏書人，中土有龍王之說，而河伯無聞矣。」

二是印度龍王思想與中土五龍思想結合，並在中國五龍說基礎上，產生出五位以色彩相區別的五龍兄弟。龍與龍王的區別表面上僅有一字，但這一字卻引發了中國人觀念上的一次重大變革。在此之前，龍在中國人眼中只是一種類似蟒蛇的動物，就是在印度龍王思想剛剛傳入中土的唐朝，祈雨時也仍沿用塑土龍的傳統❸。但印度龍王思想落地中土後，中國的龍便出現了明顯的擬人化傾向，大廟小宇所侍奉的龍不再是動物，而是一尊尊道貌岸然的人形。布雨龍的應驗，加之印度佛經的影響，龍甚至還被封以王爵，使這位歷史上的群祀之神，享受到了甚至超出正祀神的禮遇。

在漢代社會生活中，「侯」與「王」的價值遠遠高於其他爵位，而「王」又是眾爵之首。到晉代，爵位被嚴格區分為王、公、侯、伯、子、男六等，這時，也仍然只有皇太子可以封王。這一傳統一直持續到元代，明以後，取消了「王」的爵位，只保留了公、侯、伯、子、男五種，中期又遞減為公、侯、伯三種。因為早在唐宋龍就已經被皇帝分封為王，所以，後來的爵位變更對「龍王」一說並未產生更多影響。

印度龍王之說進入中土後，之所以能被社會廣泛接受，除歷史上中國不乏神龍布雨的觀念外，顯然還與上層統治階級的萬般推崇有關。在中國歷史上，對布雨神靈所進行的分封屢見不鮮，但所封爵位顯然不及龍王。如雷神的爵位是公爵，風神的爵位只是伯爵，而雨神連最起碼的爵位都沒有，

---

❸ 馮夢龍《古今笑史·京兆尹禱雨》載：「唐代宗朝，京兆尹黎干以久旱祈雨，於朱雀門街造土龍一具，悉召城中巫覡，以身雜入，共舞於龍所。觀者嗤笑。彌月不雨，又請禱於文宣王廟。上聞之，戲曰：『丘之禱久矣。』」

只給了個「師」的稱號。這是因為在時人眼中，他們不可能與皇帝沾親帶故，又不是布雨的主神，封以公、伯，已算照顧有加。而布雨龍王的情形就不同了。唐宋之際，印度那伽信仰隨佛教傳入中土，由於「那伽」與皇帝一樣，也是龍體，本身就具備了皇族血統，再加之在中國人的觀念中，龍的布雨能力遠遠超過雷公、風伯諸神，所占地位舉足輕重，所以如果要封以爵位，那麼最合適的爵位當然莫過於「王」。於是，龍王便有了一個只有皇太子才可能具有的封號——「王」。將動物封為「王」，這在中國文化史上還是第一次，很自然地被史官記錄下來。據《宋會要輯稿》記載：京城東春明坊五龍祠，太祖建隆三年（962 年）自元武門徙於此。國朝緣唐祭五龍之制，春秋常行其祀。先是熙寧十年八月信州有五龍廟，禱雨有應，賜額曰：「會應」。自是五龍廟皆以此名額云。徽宗大觀二年十月，詔天下五龍廟皆封王爵。青龍神封廣仁王，赤龍神封嘉澤王，黃龍神封孚應王，白龍神封義濟王，黑龍神封靈澤王。

這一史料告訴人們，祭五龍之制始於唐而興於宋，按當時慣例，每年有春秋兩次的祭祀，自熙寧十年信州禱雨獲應後，皇帝給該廟賜額名「會應」，其他廟宇也紛紛效仿，一時間，「會應」成了五龍廟的通稱。而真正給五龍封以王爵的時間是徽宗大觀二年，至此，神龍在宋徽宗的提攜下，登上了王爵寶座，成為中國文化史上的一件奇聞。而在此之前已經被封以公、伯、師的雷公、風伯、雨師，因為「種姓」不如龍王，在布雨能力上也略遜一籌，只能等而下之。就這樣，在皇權勢力的影響下，龍王終於統一了中國民間信仰中的雨神系統，並一舉成為中國雨神的正宗。

在中國歷史上，「王」最初指地位最高的君主，如春秋時只有周天子才能稱「王」，但後來諸侯們在本國之內亦可稱「王」。這種尊稱後來都為「帝」所代替，而「王」則成為了皇太子和至親大臣們的專屬爵位。宋代時，宋徽宗封五龍為「龍王」之稱時，使用的明顯是後一種意思。但在許多人看來，龍既然稱「王」，那麼，這個「王」理應是最高統治者的意思，並認為中國社會也一直是將龍王視為君王的，但事實並非如此。

首先，從人界系統看，龍被封王是在唐代，這時社會上「王」只是一種爵位，已經沒有了君王的意思。從風被封為「伯」，雷被封為「公」來看，龍被封的這個「王」，很明顯，就是王、公、侯、伯、子、男這一爵位系統中的最高爵位。

其次，從神界系統看，即使在神界，五龍至多也只是個布雨指令的執行者，他們的一言一行都要受到來自玉皇大帝的監督，他們不可能超越最高權力，而一下子成為神界的最高領袖。正如眾所周知的那樣，在中國民間社會，神界的最高領袖是玉皇大帝而不是龍王。這一點從服飾中也可明顯看出。在許多民間畫譜中，玉皇大帝頭戴冕冠，身穿冕服，一副帝王模樣的打扮，而他手下負責布雨的龍王則與此完全不同。

以山西河曲縣岱岳殿龍王廟中的五龍為例，他們所戴帽

2–9　青龍塑像，山西河曲縣岱岳殿。

子的型制大體屬宋代的梁冠。這一樣式，源於唐代進賢冠，是宋明時期文官武將的朝服。明洪武二十六年定制，凡大祀、慶成、正旦、冬至、聖節、頒詔、開讀、進表、傳制都用梁冠、赤羅衣、青領緣白紗中單、青緣赤羅裳、赤羅蔽膝、赤白二色絹大帶、革帶、佩綬、白襪黑履❹。因五龍王在龍王廟要隨時等候玉皇大帝頒詔，而他們又不是具有一定品級的「官員」，所以只能穿戴王爵上朝時的朝服，而不是前面帶有「補子」的官服，更不是帝王們穿戴的蟒袍。

梁冠的梁數表官階地位，龍王的梁冠多為二至三道梁，也有六、七道梁的，這表明在人們的心目中，龍王的品級大致相當於五、六品官員的樣子。這一官階，與爵位中「王」的稱號大致相符。

在山西朔州肖西河底村和河曲縣岱岳殿的龍王廟壁畫上，龍王的另一種帽飾是佛教高僧所戴的五佛冠，這是佛門

---

❹　黃能馥、陳娟娟編著，《中國服裝史》，第274頁，中國旅遊出版社，1996年版。

裝飾，從這個側面也反映出龍王布雨思想與佛教的關係。據《晉書·僧涉傳》及唐·李德裕的《次柳氏舊聞》記載，在中國，最早用法術請龍入缽致雨者，都是來自西域的高僧。他們致雨的最最常用的道具就是缽。在華北地區龍王廟壁畫上，頭戴五佛冠的龍王在布雨時，所用道具也是一個不大的缽。這一細節很可能正是對西域佛教祈雨儀式最生動的傳承。

說五龍在傳統觀念中不屬帝王的另一依據是，幾乎在所有的龍王塑像中，龍王都雙手持笏。笏是臣子上朝稟報事情時用的「記事本」，以官階不同，一至五品用象牙笏，六至九品用槐木笏。皇帝無需向誰彙報工作，自然從不用笏，這說明雙手持笏的五位龍王在古人心目中也不可能是帝王。

2–10　手中持笏的白龍，河北赤城縣董家溝村。經占卜，1999 年白龍出馬祈雨為大吉，所以笏放在白龍手中。

五龍塑像一般都是坐像，正像五龍都是以五色命名的那樣，這五位龍王也很容易通過他們的服飾及面部顏色將他們區分開來，紅龍紅袍紅臉，白龍白袍白臉，其他以此類推。在唐代以前，黃色上下可以通服，例如隋朝兵卒穿的就是黃色戰袍。至唐，人們認為黃屬太陽的顏色，而太陽又是帝王的象徵，故除帝王外，其他人是絕對不能服黃的。然五龍中有黃龍，且已得皇封，因而，即使特別看重黃色的唐朝皇帝也只好隨俗。這也是唐以後中國服飾史上一個確不多見的特例。

在中國人的家庭關係中，同輩男性家庭成員很重視尊卑長幼，因為這常關係到父母故後的財產繼承。但在有關五龍的調查中，我們至今未能理清五龍的排列次序。只有一點比較明確——儘管廟中供奉著五位龍王，請全神時，這五位龍王——有時甚至是上百位龍王，都要一一請到，不能漏掉一位，但同時人們又深信真正能給本地帶來雨水的只是其中的某一位或某兩位。在當地人看來，他們才是本地龍王，只有他或他們才能為本地帶來豐沛的雨水。所以，有時他們乾脆就只供其中的一位或兩位，至於其他龍王就顧不得那般許多了——僅管當地人也朦朦朧朧地知道本地龍王的其他幾位兄弟身在何方。如延慶前廟的老百姓就相信他們這兒的五龍原是一家，後來，五龍分了家，青龍分到了黃柏寺，白龍分到了馬鞍山，紅龍分到了南口，黃龍分到了馬皮營，黑龍留在了前廟。他們各有各的香火，各有各的廟宇，各有各的善男信女、崇拜者和追隨者。離前廟不足十里的下營則說，他們這方圓幾十里的範圍內，就有好幾位龍王。譬如，姚家營信仰白龍爺，前廟、下營、東門營信仰黑龍爺，甘字堡信仰青龍爺，金牛山的上磨村信仰黃龍爺等等。說法與前廟又有差別。看得出，龍王信仰的地域性是造成龍王信仰多樣性的主要原因。

在五位龍王中，最受人關愛的是黑龍、白龍和青龍，黃龍比較少，更多的地方忌諱紅龍，紅是太陽的顏色，也是乾旱的象徵，所以，除請全神時五方龍王都要一一請到外，大多數情況下，祈雨時人們忌用紅龍。

為什麼人們都喜歡用黑龍和白龍祈雨呢？在《華北民間文化研究》一書中，董曉萍是這樣解釋的：白龍象徵著能布雨的白雲，黑龍則象徵著豐沛的雨水。這分析可謂一語中的。事實上，充分利用色彩的象徵意義來引誘雨水的降臨，乃是世界許多民族共用的法術。在瓦戈戈人那裡，求雨時一定要用黑雞、黑綿羊和黑牛做犧牲，同時，祈雨者在雨季裡還要一直穿著黑衣服。在馬塔貝爾人那裡，求雨巫術是用一頭黑公牛的血和膽汁來完成的。在印度的阿薩姆，加羅人在乾旱之際要將一隻黑山羊供奉在一座高山之上。總之，動物的顏色常常成為祈雨巫術的一部分，人們認為採用黑色就會使天空因充滿雲雨而變黑❺。至於多用青龍祈雨，除出於同樣的巫術方面的考慮外，很可能還與清政府的極力推崇有關。據史料記載，清朝中央政府就曾製做大小兩種青龍贈送各省。上行下效，在一定程度上提高了青龍的社會地位，使他成為許多地方的布雨尊神。

❺　【英】詹·喬·弗雷澤著，徐育新等譯，《金枝》，中國民間文藝出版社，1987年版。

在宗教信仰中，許多神祇的地方性並不很強，比如玉皇大帝、釋迦牟尼、基督等等，這些神祇幾乎在每個地方都具有大致相同的屬性。與此不同的是，雨神龍王一般都具有較強的地域色彩，每個地方的龍王，都有自己的「轄區」——所謂「轄區」，當然是指那些承認此一龍王神性的若干村落，和在此一龍王禱雨有應、名聲大振後加入進來的外部縣市，但這後一種情況多發生在具有官方性質的龍王崇拜中。

官祭龍王所轄範圍的大小，與龍王所在地的行政級別有較大關係。放置在縣城者管全縣，放置在省城者管全省，依此類推。這類龍王大多受過皇封，有的龍王本身就是皇帝賜予的。例如雍正五年皇帝就曾下詔：「龍神散佈霖雨，福國佑民，京師業經虔供，複造各省龍神大小二像，命守土大臣迎奉。」這類情況清代較多，為敬請龍王駕到，許多地方都敕建有氣勢恢弘的龍王廟。所謂「敕建」，就是奉詔修建。這裡舉行的祭龍廟會，時間上一般都有定制，規模也極其可觀。由於是政府行為，在延請戲班等方面都有絕對的優先權。在這裡政教是合一的。

第三節　龍王廟配祀神祇考

龍王廟裡的配祀神大體可分為兩部分。一部分是以龍王爺家庭為中心組成的神靈系統，這個系統包括龍王爺的父母、兄妹及妻兒。這部分可稱為龍王廟神靈的家庭系統；另一部分包括風伯雨師，雷公電母，有時還包括出虹童子、四眼天師、四值功曹等等。如果說前一個系統是由親緣關係構成的話，那麼，這後一個系統則完全是由業緣關係構成，他們都是中國民間信仰中布雨集團的成員，是布雨活動的實施者和布雨行為的監督者。與古代官僚體制一樣，他們在從事專職工作的同時，也是社會道德的監督者和執法者。他們所做的一切，都可以在中國古代官僚體制中找到相應的影子，這一點與現行體制有一定區別。

和干將莫邪鑄劍、魯班兄妹造房等傳說一樣，從龍王布雨傳說中，我們也很容易看到中國傳統家庭作坊式的手工業生產方式對民間信仰的巨大影響。在這些故事中，龍母得到玉帝的聖旨後，通常是指派自己的兒子前去布雨，所有與布雨有關的活計，幾乎全由龍王家族的成員們分擔。當然，這只是龍王傳說的早期形態，隨著社會的發展，特別是隨著宋以後中國傳統手工業生產中業緣組織——行會的出現，傳統的、以血親關係為紐帶建立起來的家庭手工業生產方式受到了史無前例的衝擊。表現在雨神信仰上，便是龍王家族布雨功能的弱化和風伯、雨師、雷公、電母等具有專業技能的布雨神祇的復出。他們與龍王家族一道，共同構成了中國民間信仰中最為龐大的布雨集團。

一、以親緣關係為紐帶建立起來的助手神系統

擬人化的結果，便是龍王家庭的產生。在唐宋以後的中

國文化中，龍王經常是作為龍王家族一員的身分出現的。通常，除龍王外，龍王家族內還有龍王的父親——老龍王，龍王的母親——龍母和龍王的幾個兄弟。在有關龍王的故事中，龍女是個舉足輕重的角色，但在龍王廟的塑像群中，我們卻很少發現龍女的身影，這可能與人們認為她不會布雨有關。在華北民間廟宇中，五龍王的父親——老龍王是很少出現的。民間解釋說，五龍本無父，他們是母親——龍母在河邊洗衣時，因誤食了一個順流而下的桃子或別的什麼果物而無意中受孕的。這類文本在已出版的民間故事集中頗為常見，是一個典型的貞節受孕型故事。另一種解釋說，五龍有父，但因為布雨時誤將玉皇大帝的「清風細雨」聽成了「狂風暴雨」，結果被唐朝宰相魏徵殺死。由於老龍王過早故去，在華北地區的龍王廟中一般不設老龍王的牌位。有關老龍王因瀆職被殺的故事，最早見於《西遊記》，但我想在文人創作之前，很可能就已經有了類似的民間傳說。

㈠龍母的神格

在龍王廟中，龍母是個比較重要的人格神，常被安置在神臺中間，她既是一個視覺中心，也是一個以血緣關係為紐帶建立起來的龍王家族的權力中心。民間故事中，有些布雨指令就是通過她頒佈的。這類故事可上溯至唐代。唐·李復言所著《續玄怪錄·李靖》就記載了這樣一則故事：唐衛國公李靖布衣時，曾在靈山中射獵，陰晦迷途，至某朱門府第。

有一半百老婦接待了他。夜將半，忽聞扣門聲甚急，言上天有命，令大郎子行雨。繞山灑七百里，五更天即足，毋得滯慢，毋須暴厲。適婦人之二子夜未歸。有侍者曰：何不請李先生代勞？夫人親自相求說：此非人宅，乃龍宮也。適上天有命，次當行雨。吾二兒遠在萬里之外，報之不及，欲奉煩頃刻間。李靖欣然應許。騎上青驄馬，手持行雨器，代龍司雨。夫人告之曰：先生乘馬，勿勒繩韁，任其信走，馬刨地嘶鳴，即取瓶中水一滴，灑馬鬃之上，慎勿多為！李靖從其言而作。是時奔馬騰空，風急如箭，雷霆起於足下。靖依言滴水，普施甘露。繼而行至一座山村，他擔憂是村久旱，禾稼枯焦。今雨瓶在手，何不偏潤？遂連下二十滴乃止。滴水尺雨，今連澆二十滴，平地起水兩丈，人咸為魚鱉，焉有生逃者！歸，見婦人在堂上哭泣，言上天降責，身已先受八十杖，項背鮮血淋漓。二子亦將連坐。相約一滴即可，君何以二十滴而為，致使彼村生民塗炭。李靖深為之慚怖。

在山西朔州肖西河底村龍王廟壁畫上，五龍出馬布雨的主持者就是龍母。大多數村落得雨後的出馬儀式，幾乎也都要帶上龍母，並將她的轎子排放在最前面。人們相信，說動龍母，比說動龍王還管用。為了解釋這個儀式，民間還流傳著這樣一組傳說，說每次布雨都是龍母指派的，萬一龍王不在家，龍母為了不誤農時，有時也會請上一位上門幹活的木匠，叫他幫助布雨。就布雨而言，木匠是當然的外行，他們救旱心切，無意中多滴了幾滴，結果鬧得凡間洪水滔天，自

2–11　身居正位的龍母塑像，山西河曲縣岱岳殿。

己也跌落下來❻。很顯然，這類故事可能源於更早的唐傳奇《李衛公靖》。以龍母為中心組建起來的布雨集團，出現在父權制建立後的封建社會，一方面反映出這則傳承內涵的古老，同時也隱含著民間社會對於孝道的那種難以割捨的情懷。

在以單一龍王命名的諸如白龍廟、黑龍廟一類的龍王廟中，龍王與其他兄弟的關係比較容易界定。大多數故事幾乎都採用了幼子繼承型故事模式，說本地龍王是五龍王中最小的一個，因而留下伺候老母，而其他幾位哥哥則被安置到了別的地方。很顯然，這與當地人喜歡將老疙瘩（幼子）留在父母身邊養老送終的習俗有關。據了解，即使現在，當地還流行有這種風俗。當然，民間還有一種解釋，說五龍中最小

❻ 張振山等搜集整理，〈木匠下雨〉，《晉城市民間故事集成》(下)，第 517 頁。

的一個性情暴烈，心眼不好使，龍母放心不下，便將他留在自己身邊。這類傳說實際已經隱含有一種對本地布雨龍王怪僻性格的猜疑，這種猜疑的產生說到底還是出於對這裡時而滴雨不下，時而暴雨成災的嚴酷自然現實的不解和恐懼。

㈡龍女的神格

在龍王廟中，我們很少能見到龍女的形象。據說龍女故事源於印度。與中國傳統社會中大戶女子從不參加戶外活動一樣，中國的龍女也不參加布雨。作為一個賢慧女子，她只是可憐民間疾苦，不忍看到天下百姓被旱魔奪去性命，便常常化作清泉救助他們。但更多的情況是，一位來自人間的青年贏得了她的芳心，在她的央求下，老龍王終於同意布雨❼。

2–12　從左到右分別是龍女、龍母、老龍王、龍子，山西河曲縣郊外娘娘灘村龍王廟。

---

❼　岢嵐縣民間故事集成編委會，〈龍王溝的傳說〉，《岢嵐縣民間故事集成》，第55頁。

由於龍女常常是有心無力，託她辦事要走許多彎路，所以，在民間廟宇中人們很少能見到龍女的身影。民間宗教講求實惠，沒有實用價值，不能為他們帶來直接利益，就很難走進他們的信仰世界。但也有例外，如山西河曲縣郊外娘娘灘村龍王廟中的主神，就是龍王老爺的一家子，他們分別是老龍王、龍母、龍子、龍女。

㈢龍王夫人的神格

與許多本土俗神一樣，在許多社區，龍王還常有妻室相伴。這種情況多限制在只供奉單一龍王的廟宇中，如果當地信奉的是兩位或兩位以上的龍王，則很少有這種情況發生。這似乎已經成為一條恆定的法則。違反了這一法則，有時就會鬧出笑話。五代時就出過這麼一檔子事：同州澄城縣有座九龍廟，裡面供奉著九條龍，然這九龍廟裡卻只有一位妃子。當地人說她是馮瀛王的女兒。一個叫司馬仲才的人戲題了一首詩，說：「身既事十主，女亦配九龍。」引來世人恥笑❽。據說這個馮瀛王就是五代的馮道，在一臣不侍二主的年代，他居然侍奉過後唐的莊宗、明宗、閔帝、末帝（李姓）；後晉的高帝、出帝（石姓）；後漢的高祖、隱帝（劉姓），契丹的世宗（耶律姓）；後周的太祖（郭姓）等十位君王，也許是他

---

❽ 明·馮夢龍《古今笑史》：「同州澄城縣有九龍廟，然只一妃，土人謂馮瀛王之女也。司馬仲才戲題詩云：『身既事十主，女亦配九龍。』過客讀之，無不笑。」

的操守已經引來正人君子的不齒，人們故意讓他的女兒趕學其父，下嫁九龍，一下成了九龍共用的妃子，這在好女不嫁二夫的古代，不知她的臉面會擱到哪裡?!

2–13　龍王娘娘塑像，山西陽城縣北崦山白龍廟。

在有妻室的龍王那裡，廟名多冠以某龍王名字，如山西陽城北崦山的白龍廟，河北延慶前廟的黑龍廟等等。在這些廟宇中，龍王娘娘是最重要的配祀神，為突出龍王的中心地位，增加世俗氛圍，有時廟宇中還要同時塑有太子像，讓他與母親分坐在龍王左右。

在龍王成親傳說中，存在著太多的不解之謎。譬如說傳說中龍王一直是以神的形象出現的，但龍王的妻室——龍王娘娘卻是一個真正的人。

正如眾所周知的那樣，人神之間是不能婚配的，為打破這一隔閡，「絕天地通」的巫，一直承擔著溝通兩界的重任。在民間信仰中，打通兩界隔閡的另一方式，就是人可以作為「人殉」走進神的世界。

從考古資料與文獻記載可以使我們看到，遠古人類是經常以自己的同類作為人殉貢獻給神靈或死去的帝王的。作為遊戲規則，活人不能作為人殉。因此，我們所看到的人殉大都是被處死後再進獻給神靈者。在〈西門豹治鄴〉中，那個無辜的小女子是作為人殉者出現的，她雖是活人，但倘若經過數里的漂流，最終也還是要沉入河底，作為死者與河伯神結婚並走進神的世界。這就是說，人神之間婚姻的締結，都需要以人的一方的死亡為前提。如果說〈西門豹治鄴〉中的那個小女子是作為人殉者出現的，那麼，〈龍王娶親傳說〉所反映的是否也是歷史上人殉習俗的折光，龍王娘娘是否也是歷史上貢獻給神靈的人殉者的投影呢?

在〈龍王娶親傳說〉中，講述者並沒有採用一般民間文本所通常採用的女子被怪獸掠去為妻的敘事方式，而是用了一段非常離奇的情節來解釋小姐與龍王的姻緣。山西省陽城縣後則腰村有一則傳說說：一天，小姐心情煩悶，正坐在繡樓上向下觀望。這時，龍王打此經過，倆人一見鍾情。忽然一陣大風刮來，將小姐的頭花刮落到龍王手中。從此小姐一病不起，並在抑鬱中死去。死後，她託夢給自己的母親，說自己嫁給了本地龍王，並說有龍王塑像手中的頭花為證。母親立刻派家人前去打探，發現在龍王塑像的手中果然有自己女兒的頭花，這才知道自己的女兒真的嫁給了龍王❾。

這則哀婉的傳說可能反映了這樣一段史影：歷史上，人們在給神靈獻祭時，除使用犧牲外，也使用人牲和人殉。犧

❾ 陽城縣民間文學三套集成編委會編，〈白姑姑的傳說〉，《陽城民間故事集成》。

牲與人牲是作為食物貢獻給神靈的，而人殉則是作為死者或神靈的伴侶陪葬。對於皇帝而言，陪葬者多是自己的妻妾、扶持過他的貼身大臣以及奴隸等等，而為神靈貢獻人殉的目的，則主要是代他尋找美貌的妻室以換取神靈的歡心。選擇人殉的方式通常是拋物型「神判」。神靈得到了誰的「信物」，誰就必須殉身神靈。出於為神靈挑選人殉的目的，人殉的對象必須是未婚而貌美的年輕女子。人殉的貢獻方式是先將人選弄死，然後進供神靈。隨著時代的進步，血腥的人殉雖然已被歷史徹底淘汰，但已經變了形的人殉傳說卻屢見不鮮，其中，〈龍王娶親傳說〉就是非常典型的一例。

受中原一夫一妻制影響，民間信仰中的龍王也只有一個夫人。在一個祈雨文化圈中，由於只有一個村落貢獻過人殉，所以該村落在祈雨活動中便具有了絕對的優先權，這一特權傳承至今，未有改變。在我們所做的幾個個案調查中，娘娘做姑娘時所在村落離她所下嫁的龍王廟一般都有二、三十華里左右，很少有非常遠的，這又是為什麼呢？經研究我們驚喜地發現，這一半徑與我們所說的同一祈雨文化圈的半徑完全吻合，這說明〈龍王娶親傳說〉所反映的正是歷史上這一祈雨集團曾經向本地龍王貢獻過人殉的這樣一段史影。

在現實生活中，村中出了龍王娘娘，是件非常榮耀的事。事實上，當地百姓也確實從這些暗含史影的傳說中得到過許多實惠。祈雨時他們可以享受到其他村落所無法享受到的種種特權，如他們有優先吃飯、住廟、祈雨的特權，有不受禁忌約束的特權，有隨意動用廟產的特權等等。但是，恐怕誰都沒有想到，這一切特權都是以歷史上該村落付出的沉重代價為前提的。想到此，祈雨成功後，娘家村裡請娘娘回去住上三天五日，看上幾場大戲以及村裡人跟著享受點特權也實在算不上什麼過分之舉了。龍王娶親傳說在華北地區的廣泛分佈，說明在古代用人牲禱雨的習俗至少在華北地區是相當普遍的。

二、以業緣關係為紐帶建立起來的助手神系統

業緣關係是指以職業為媒構成的人際關係。它的出現是以社會大分工為前提的。社會分工越細，業緣關係也就越複雜、越重要。在社會大分工的影響下，神界也出現了明顯的社會分工，神話主人公也由綜合性神祇開始向單一的專業神方向發展，並最終導致了分工更加精細化的行業神的出現。中國俗神系統中土地神、畜牧神、狩獵神等神祇的出現和此後匠神、窯神、財神、藥王、梨園神的出現，分別代表了兩次社會大分工給神界帶來的深刻影響。

風伯、雨師、雷公、電母的出現，本與行業神並無太多關係，他們最初都是作為獨立的自然神出現的，他們的出現只是人們認識自然的一種必然結果。因此，當時的諸神各有各的廟宇，各有各的香火，諸神間並無更多聯繫。但隨著唐代城市經濟的飛速發展和行業分工的不斷精細化，最終導致了各工種間的重新結緣。唐以後，風伯、雨師、雷公、電母

同壇受祭現象的出現❿，真實地再現了社會大分工過程中，各工種間彼此依託的新型人際關係，給人們精神世界帶來的深刻影響。在中國傳統文化中，雷公、電母、風伯、雨師雖然一直是作為布雨集團中的一員出現，但是，由於社會大分工的影響，特別是後來都市行會組織出現給人們觀念上帶來的重大影響，人們似乎已經不能想像離開了助手神，布雨龍王會陷入何等的窘境。因此，自布雨集團中諸助手神與龍王同壇受祭以來，這個集團就從未受到過解體的威脅，以業緣關係為紐帶組織起來的助手神們，也成了人們心目中不可或缺的布雨集團中的一員。那麼，壁畫中風伯、雨師、雷公、電母各類形象究竟有多長的歷史?他們又是如何發展過來的?在這些栩栩如生的形象裡究竟又蘊涵著怎樣的文化內涵？這是每一個走進龍王廟神祇世界的人們都在關注的問題。

㈠雷公淵源考

在中國歷史上，雷公是個出現比較早的神話形象，但作為廟宇壁畫，並被時人記錄下來的事件卻在東漢。東漢學者王充在《論衡·雷虛》中是這樣記錄當時廟宇壁畫上的雷公形象的：

---

❿ 黃斐默，《集說詮真》引《文獻通考》所載天寶五年詔曰：「發生振蟄，雷為其始。今雨師、風伯，久列於常祀，惟此振雷，未登於群望。其已後每祀雨師，宜以雷師同壇。」

> 圖畫之工，圖雷之狀，累累如連鼓之形，又圖一人，若力士之容，謂之雷公。使之左手引連鼓，右手推椎，若擊之狀。其意以為雷聲隆隆者，連鼓相扣擊之意也；其魄然若敝裂者，椎所擊之聲也；其殺人也，引連鼓相椎，並擊之矣。

考之甲骨，「雷」字之形，確像連鼓。這說明漢代的雷如連鼓之說早在殷商時就已經出現了。至於漢代每幅畫像上到底有多少個連鼓，各地並不一致。河南唐河縣針織廠漢畫像及徐州漢畫像石上的雷公均背有五鼓，清·黃斐默《集說詮真》也有「五鼓」之說。至今人們常說的「五雷轟頂」、「天打五雷轟」，實際上都是這種觀念的殘留。同是在漢代，山東漢畫像中雷公周身環繞的雷鼓不是五個，而是十幾個⓫，然在山東武氏祠漢畫像石上，架在雷車上的雷鼓則只有兩面。看來就是古代，人們對雷公持鼓數量的多寡也並

2–14 雷公像，選自《集說詮真》。

⓫ 參見《漢畫文學故事集》。

無一定之規，儘管以五個的居多。在我採訪延慶下營村民間畫廟藝人郭保相時，他也說：「鼓這玩藝可多可少，畫起來好看就行。」可見，在這個問題上民間確無一定之規。

在敦煌莫高窟西魏 249 窟，窟頂繪有雷公旋轉十二面連鼓的圖像。但這裡的連鼓，已不是前人所謂「纍纍」之狀，而是環繞著雷公旋轉，這可能是受到了漢代「轉雷」說⓬的影響。河南洛陽北魏元義墓出土的《星象圖》中，便有旋轉連鼓的雷公。在山東武氏祠後石室畫像中，雷鼓被分別架在一個以雲氣為輪的車子上。車輿中乘一人，右手持槌做擊鼓狀，車前有五人用兩根繩子牽引車子前進。據考，這種上置雷鼓的車子就是古人所說的「雷車」。「雷車」之說很可能與中國古代戰鼓必載於車的習慣有關。在徐州漢畫像中，雷車是由三隻老虎牽引的，車上乘坐著一個熊狀神人，雙手各執一槌做擊鼓狀。與其他漢畫像有所不同的是，雷車的車輪不是由雲氣乘托，而是由兩隻烏龜負載。後面緊隨的另一隻烏龜則獨自馱負著一只大鼓。有人曾以為這幅漢畫所反映的是漢代盛極一時的百戲⓭，其實不然。在中原，甚至在更為遙遠的中國北方地區，至今仍流傳著這樣一種民俗：每當夏季雷雨將至，孩子們便會撒著歡地邊跑邊衝著雲彩呼喊：「風來了，雨來了，王八背著鼓來了。」這首歌謠在傳播過程中，出現過許多異文，如《讀書雜誌》第二號登載韋大列搜集的一

⓬　張衡著，〈東京賦〉。

⓭　《徐州漢畫像石》，圖 83 釋文，江蘇美術出版社出版。

首歌謠是:「風來了,雨來了,老和尚背著鼓來了」。這首歌謠在一位美國女士 1900 年出版的一部民歌集中,竟然變成了「狼來了,虎來了,老和尚背著鼓來了」。而在《帝城景物略》中這首歌謠又被曲解成「風來了,雨來了,禾場背著鼓來了」,叫人莫知所云。五四歌謠運動初期,一些八股文人甚至還以此為例,攻擊民謠搜集的無聊。其實,真正走眼的是他們自己。民間文藝具有著極其深厚的文化內涵,是千百年來文化積澱的產物,具有很高的研究價值。就拿這首簡單得不能再簡單的歌謠來說,它所反映的竟然是距今 2000 多年前人們總結出的這樣一條生活經驗:只要天一陰,潛伏在水底的烏龜就會立刻浮出水面,緊接著就會雷鳴電閃,大雨傾盆。然而,當時的人們只能知其然,而不知其所以然,不知道這是雨前的低壓所致,只能直觀地感覺到風雨雷電的到來,肯定與烏龜的出現有關。將這一直感表現在繪畫上,便是用烏龜馱載雷車或雷鼓,象徵雨水的來臨。徐州漢畫中龜載雷車的造形,就是上面這首民謠的最好注解。儘管時間跨度上他們相差 2000 年,空間跨度上相距 2000 里,但基本內容卻完全一致,反映的都是人們對自然經驗的認知和人們對雨水的渴望。

在民間信仰中,雷神的形象比較複雜,有時說他像獼猴,有時說他像鳥,有時說他像豬,有時則說他像一名力士。

在山西河曲縣岱岳殿龍王廟,雷神人身豬首,頭戴幞頭,身著藍袍,內套藍白條相間的緊袖衫。考之古籍,知此一形象至少在唐朝就已經出現了。《酉陽雜俎》卷八曰:

貞元年中，宣州忽大雷雨，一物墜地，豬首，手足各兩指，執一赤蛇嚙之。

另《投荒雜錄》亦云：

2–15　豬首雷公，山西河曲縣岱岳殿龍王廟。

嘗有雷民，因大雷電，空中有物，豕首鱗身，狀甚異，民揮刀以斬，其物踣地，血流道中，而震雷益厲。其夕凌空而去。自後，揮刀民居屋，頻為天火所災。雷民圖雷以祀者，皆豕首鱗身也。

另有一種說法與此比較類似，認為雷神應是犢鼻。《元史·輿服志》云：

雷公旗畫神人，大首鬼形，白擁項，朱犢鼻，黃帶，右手持斧，左手持鑿，運連鼓於火中。

然在山西朔州肖西河底村龍王廟我們看到，壁畫上立於黑龍身旁的雷神卻完全是一副獮猴模樣。這與清·黃斐默《集說詮真》記錄的「臉赤如猴」的記載倒有若干相似之處。

在山西河曲縣黃河畔的娘娘灘村，座落著一座不大的龍王廟。壁畫上的雷神與上述兩種又有不同，他臉色青黑，狀若力士，雞嘴人身，右手持槌，左手持鑿，正在擊打環身的八面大鼓。這副雞嘴人身的畫面，很容易使人聯想到清代《三教源流搜神大全》所說的至夏、秋，「藏地中，作雞狀，入於溪谷中」的雷神。在甘肅秦安縣雷神廟，雷神也為雞形。所謂雞形，就是長著一副鳥嘴，這一點與西南壯、侗、苗等民族中的雷神比較相近。

綜上所述，現在我們所能看到的龍王廟中的雷神形象，歷史都相當遙遠，豬形者唐已有之，鳥形者及形似獼猴者清已有之，至於狀若力士，身環數鼓的雷神，實際早在漢代就已初具模樣。這些形象歷千百年而不衰，充分說明了民俗文化所具有的強大傳承力。

隨著龐大的封建官僚體制的建立，雷神也由單一的雷公演變為由諸多神祇共同組成的雷部。據說早在唐代以前，就已經有雷神徵用助手神的記載，宋代已有「雷部」之稱，至明代，雷部體系已相當完備。他不但有助雨功能，同時還有懲惡揚善、守護玉帝天門的作用。但這種情況多出現在民間俗講或世俗小說中。不知是龍王廟一般都過於狹小，壁畫不可能包容更為複雜的內容，還是龍王廟中不宜喧賓奪主，過分突出雷神的威猛，總之，「雷部」一說在龍王廟中幾乎就沒有得到最起碼的展現。

㈡電母淵源考

在原始觀念中，雷電是一體的，到三國時，人們才開始將雷、電分析開來，並作為同時出現的兩種自然現象加以理解。但早期的電神並不是我們後來所說的女性，而是一位男士⓮。至晉代，電神性別出現變化，雷電也開始被想像成童男童女兩位人格神。晉代傅玄〈雲中歌〉寫道:「童女掣電策，童男挽雷車。」這「挽雷車」、「掣電策」的童男、童女，發展到後來便演變成了人們常說的雷公、電母。人們將雷、電想像成夫妻，很可能出於兩者的形影相隨。宋代宮廷祈雨時，儀仗隊所使用的雷公電母旗是成雙成對的。元雜劇《柳毅傳書》中，雷公電母也結伴而行，可見在當時，人們已經將雷公電母想像成一對夫妻了。

雷公電母之說最早可能始於唐代。在唐·崔致遠的《補安南錄異圖記》中，就已經有了「使雷公電母，鑿外域朝天之路」的說法。崔致遠雖是在唐做官的朝鮮人，但「雷公電母」一詞肯定不會是從域外朝鮮傳來。

從我們的田野作業成果看，至少殘留至今的龍王廟壁畫上的電母形象，與宋代閃電娘娘仍無甚差別。電母身著裙裳，雙手執鈸的形象，其實早在宋代就已經定型。在四川大足宋

⓮ 《三國志·魏·管輅傳》裴松之《注》引〈管輅別傳〉為證:「天昨檄召五星，宣佈星符，剌下東井，告命南箕，使召雷公電父，風伯雨師。」

2–16 電母圖，山西河曲縣郊外娘娘灘村龍王廟。

代寶頂山大佛灣第 16 號摩崖《雷音圖》中，雷公一手執椎，一手執鑿，而電母則手執銅鈸，做出一副「以金發其氣」的樣子。這些地方電母使的是銅鈸，但在另一些地方，電母使用的則是銅鏡。如在我們所調查的山西河曲縣郊外娘娘灘村龍王廟和岱岳殿所見電母均手持銅鏡，陽城北崦山白龍廟中的電母塑像，身著朱衣黃裳，高舉的也是銅鏡。這與清代「塑電神像，其容如女，貌端雅，兩手各執鏡，號曰電母秀天君」的記載⓯完全相同。倘若追根溯源，這一形象至少在元代就已經出現了。

㈢風伯淵源考

在漢畫像中，雷公出行，已經有風伯、雨師相隨。

⓯ 黄斐默著，《集説詮真》。

風伯就是風神,「伯」是古代的一種爵位,位在王、公、侯之下。在布雨過程中,風伯只是龍王的屬下,是龍王的助手神,所以以「伯」相稱。最早,人們將風伯附會到了二十八星宿中東方七宿之一的箕星上。箕星是東方七宿中的最後一宿,由人馬座的四顆星星組成,因為四星相連如箕狀,古人認為他「主簸揚,能致風氣」,故封為風神。但在民間信仰,特別是與壁畫有關的風神形象中,我們看到更多的是手持「風母」的風伯飛廉以及後來由「風母」演化而來的風神娘娘。

飛廉最早出現在屈原的〈離騷〉中,〈離騷〉說:我命令望舒在前面開路,又讓飛廉追隨在我後面。這裡的望舒是月神的御者,而飛廉就是風神。傳說中飛廉是隻既像獸,又長著一對翅膀的怪鳥。他「生得鹿形蛇尾,爵頭羊角,與蚩尤同師一真道人,迸居南祁。見對山之石,每遇風雨則飛起似燕,天晴安伏如故。怪而覘之,夜半見一物大如囊,豹文而無足,向地吸氣二口,噴出,狂風驟發,石燕紛飛。廉步如飛禽,乃追而擒之,是為風母,能掌八風消息,通五運之氣候

2–17　手持豹文獸的風伯與雨師、電母一道作大風雨。

⑯。」在《集說詮真》插圖中，風伯所持豹文獸，正是「風母」。在發展演變過程中，大致從明代始，風伯在形象上出現了兩個明顯變化：一是性別方面的變化——風神從男性神漸漸演變成了女性神。二是道具方面的變化。原來風神胯下所騎的是豹文獸「風母」，而從明代開始漸漸演繹成風口袋。這一變化的源頭，我們至少可以上溯至明代《封神演義》中的風神菡芝仙。在《封神演義》中，菡芝仙所使用的正是一個很大的風袋。

性別的變化很可能與中國傳統陰陽思想的影響有關——這個模式要求任何事物都必須遵守陰陽均衡法則，即有一個男神，就必須有一個與之相配的女神，反之亦然。中國神靈體系中東王公的出現也好，電母的出現也罷，基本上都是這一模式的產物。在華北地區的許多龍王廟中，雷公、電母與風伯、雨師常常是一東一西兩兩相伴，雷、電之神經過一番磨合，走入了陰陽相補模式，但風伯、雨師由於在名稱上顯現出過重的陽剛之氣，這就在相當程度上延緩了他們進入陰陽互補模式的進程。然而，思維定式對人類創造的影響畢竟是巨大的，在諸多龍王廟的塑像中，儘管風伯的形象大多仍為男性神造形，但在並不起眼的龍王廟壁畫的一角，我們發現傳統的男性神風伯已開始向女性神方向轉化。在山西朔州肖西河底村龍王廟和山西河曲縣黃河畔娘娘灘村龍王廟壁畫上，持風母者均已變成一位慈眉善目的老婦，如果傳統秩序

⑯ 明·徐道編集，《歷代神仙通鑑》，卷二。

沒有打破，如果傳統信仰一直能維持下去，風伯的「變性」和風伯、雨師這對夫婦神的出現，肯定會成為歷史的必然。然而，時代的變遷，終使這一轉變胎死腹中。

㈣雨師淵源考

在現存龍王廟中，雨神是比較常見的形象。壁畫上，風伯與雷神一道，分坐在五龍身旁，能夠分得此殊榮的還有一人，這便是雨師。可見他在民間信仰中地位是比較高的。民間有句俗語，叫做「風是雨頭，屁是屎頭」，強調的也是風雨相隨。但與龍王、風伯、雷公不同的是，「雨師」一詞的產生與古代的爵位無關，而與古代的巫師很可能具有某種聯繫。古代言「師」者，是指那些具有某種特殊知識與技能的人。由於巫師是一氏族中最有學問的知識階層，因此，古代的「師」更多是指巫師。在中國的布雨集團中，雨師常是一副道人模樣的打扮，身穿綠色道袍，頭上結幘，左手持鉢，鉢中有時畫著翻捲的浪花，有時畫著一條翻江倒海的小龍；右手執柳，沾水後，做向下揮水布雨狀，與古代的巫師做法同出一轍。

2–18　雨師，山西河曲縣岱岳殿龍王廟。

持柳枝布雨的觀念古已有之，在明·徐道編輯的章回體小說《歷代神仙通鑑》中，便已經有了雨師赤松子「手執柳枝」的造形。《集說詮真》引《事物異名錄》說：「雨師名馮修，號曰樹德，又名陳華夫。今俗又塑雨師像，烏髯壯漢，左手執盂，內盛一龍，右手若灑水狀，稱曰雨師陳天君。」

以樹枝沾水撒向四方的做法，當起源於原始巫術。他的原理是通過模仿布雨，以達到降雨的目的，這是世界各地普遍流行的做法。例如在俄羅斯德爾普特附近一個村子裡，當人們渴望雨水時，三個男人便爬到古聖墓地裡的一棵樅樹上，一個拿著榔頭敲打水桶或水壺以模仿雷鳴，另一個撞擊兩個燃著的火把使火星飛迸以類比閃電。而被稱做祈雨師的第三人則手執一束細樹枝從一個容器中沾出水來撒向四面八方。在新幾內亞西邊一個名叫哈爾馬赫拉或基羅羅的大島上，男巫求雨的方法也是把一根特殊的樹枝浸在水中，然後揮動滴著水的樹枝把地面潤濕。以樹枝沾水做布雨狀的巫術行為，之所以會成為許多地區都十分通用的法則，原因在於原始人類心理的相通。而以缽等器物召龍布雨，則具有著相對強烈的地方色彩，它的來源很可能是西域。《晉書·僧涉傳》有這樣一則記載：「涉，西域人，苻堅時入長安，能以祕咒下神龍，每旱，堅常使之咒龍請雨，俄而，龍已下缽中，天則大雨。」這個西域到底指什麼地方，書中沒有明確交代，但從後來的一些史料看，這裡的西域，實際上就是指今天的印度。唐·李德裕在《次柳氏舊聞》中是這樣說的：「元宗曾幸東郡，天大旱烈暑，時聖善寺有天竺僧無畏，號三藏，善召龍致雨之術，上遣力士疾召無畏……。」

在前面我們已經說過，印度的龍王信仰是在唐朝時通過經文翻譯傳入我國的，但事實上，早在晉代，印度的龍王（那伽）信仰便已經通過印度僧人傳入我國，只是當時的龍尚未得到皇封，不稱龍王；其次是，龍王信仰雖然已由僧人攜至中土，但並未成為中華文化的一部分，召龍祈雨，只是域外僧人用域外法術在中國小試鋒芒而已。

龍王自印度傳入中土，並一舉成為雨神正宗後，雨師功能逐漸淡化，他的傳統道具也被準確無誤地嫁接到了五龍王身上，壁畫中，雨師幾乎成為多餘的擺設。這固然與龍王地位的急劇攀升等外因有關，但龍與雨之特殊關係也不容忽視。早在龍王思想傳入中土之前，神龍布雨思想已經深入人心，在此基礎上將印度龍王信仰與中國雨師傳承結合起來，實是一種必然。雨師最終被龍王所代替，可以被視為佛道之爭中道教的一次慘敗。

在有些壁畫中，雨師又常常以鳥的形象出現世俗面前。如在山西河曲縣娘娘灘村龍王廟的壁畫上，雨師就是一個懷抱雨瓶的鳥形。考其原始，這一形象很可能與古代商羊神鳥信仰有關。

有關商羊神鳥的記載最早見於《孔子家語》。《孔子家語·辨政》云：

> 齊有一足之鳥，飛集於宮朝下，止於殿前，舒翅而跳。齊侯大怪之，使使聘魯，問孔子。孔子曰：「此鳥名商羊，水祥也。昔童子有屈其一腳，振訊兩眉而跳，且謠曰：天將大雨，商羊鼓舞。今齊有之，齊應至矣。急告民趨治溝渠，修堤防，將有大水為災。」頃之大霖，雨水溢泛。

《論衡・變動》也說：

> 商羊者，知雨之物也，天且雨，屈其一足起舞矣。

為什麼商羊可以報雨？清宣統年間成書的《三教源流搜神大全》是這樣解釋的：「雨師神，商羊是也。商羊神鳥，一足，能大能小，吸則溟渤可枯，雨師之神也。」當然，倘若追溯，神鳥降雨當有更為古老的源頭，那便是《山海經》中「見則天下大水」的蠻蠻。由此可知，有關商羊報雨的紀錄，早在漢代就已經出現了。《周禮・春官・樂師》鄭玄注引鄭司農語說：古人祈雨舞雩時，「舞者以羽冒覆頭上，衣飾翡翠之羽」，模仿的就是神鳥布雨。從這裡也可以看出，作為文化遺存的神鳥抱瓶形象，其文化內涵相當古老，其原型至少可上溯至漢代，這一點是後來雨師馮修所無法比擬的。

總之，現在我們所能見到的龍王廟，其歷史一般至多不會超過 400 年，但廟中壁畫上的各色人物的原型，卻可以上溯到非常遙遠的古代。從現在所能看到的資料分析，雷神形象的歷史可能最為古老，其狀若「力士之容」，「左手引連鼓，右手推椎，若擊之狀」的基本造形至少可上溯到遙遠的漢代。而其「朱犢鼻，黃帶，右手持斧，左手持鑿，運連鼓於火中」的另一造型也可追溯到中世紀的元代。其「雞嘴人身，裸胸袒腹，背插兩翅，右手持槌，左手持鑿」的造型歷史雖短，但上溯到清代當不會有問題。這一形象的出現雖然較晚，但影響所及卻遍及全國，甚至包括中國西南的一些少數民族地區。

作為雷公的配偶神，閃電娘娘的出現則比較晚，到晉代人們才將雷電分析開來，至唐才發展成為雷公的配偶神，並稱之以電母。現在展示在我們面前的「手執銅鈸」的電母形象，至少在宋代已經定型，而「兩手運光」的形象，《元史·輿服志》中就已經有了明確記載。

現存龍王廟壁畫上的男性神風伯的形象可能定型較晚，他擒風母以為坐騎的最初紀錄是明·徐道編輯《歷代神仙通鑑》，但風神的另一形象——手持風口袋的老婦的形象則可上溯至明代，這一形象的出現，很可能是《封神演義》中風神菡芝仙形象介入的結果。

雨師也是龍王廟中最重要的配祀神，他的標準道具是一個裝有水的鉢和一束柳枝，他的原型是雨師赤松子。後來這一形象被準確無誤地嫁接到了五龍王身上。雨師的另一造形是鳥，這一造形很可能與古代商羊神鳥的信仰有關。也就是說這一形象早在漢代之前就已經出現了。

總之，從現存龍王廟壁畫看，各位布雨神祇的歷史並不完全相同，有的較長，有的則相對較短，這些神祇在長期的發展過程中也出現過形形色色的變化，反映出不同地域文化對傳統文化的衝擊，但總的來看，現有龍王廟壁畫形象有相當部分在漢代就已經出現，其主體風格明代已基本定型。其中的神祇造形以宋代為主，而其具體的衣飾打扮大體亦取法於明，如山西朔州肖西河底村龍王廟中女樂所穿衣飾，基本上都是明朝小立領上裝，這種服飾在明代之前或之後是很少出現的。1644 年滿清入主中原，儘管這一外來民族在服飾上也曾實行過嚴厲的同化政策，但在宗教領域，幾乎沒有留下任何印痕。人們在總結當時服飾變化規律時，曾將這一時期的服飾變化總結為:「男變女不變,俗變僧不變,生變死不變」。既然壁畫屬「僧」的範疇，而與「俗」無關，所以才在宗教勢力的保護下，被完好地保存了下來。

華北地區龍王廟壁畫人物造形之所以基本取法宋、明，實與當時山西自然環境遭到嚴重破壞，旱災頻發的社會現實有關。據張維邦先生介紹，歷史上，山西並非是個乾旱少雨的地區。縱觀歷史就會使我們看到，山西旱情是隨著歷史上大規模毀林開荒而逐步加劇的。

據統計，山西省在西元前 1688 年至西元前 156 年（約在先秦之前）的 1532 年中，發生過旱災 6 次，平均 252 年一次；從西元前 155 年到西元 618 年（約在唐朝以前）的 773 年中，發生過旱災 8 次，平均 97 年一次；從西元 618 年到 1264 年（從唐至元）的 646 年中，也只發生過旱災 19 次，平均 34 年一次；但在西元 1264 到 1368 年（約在元朝）的 104 年中，竟發生過旱災 14 次，平均 7.4 年一次；從西元 1368 年到 1644 年（明朝）的這 276 年中，居然發生過旱災 61 次，平均 4.5 年一次；從西元 1644 年到 1912 年的這 268 年中（清朝），旱災已達 108 次，平均 2.5 年一次；在西元 1912 到 1948 年（民國）的這短短的 36 年中，旱災竟達 17 次之多，平均 2.2 年一次；在西元 1949 年到 1979 年的這 30 年中，發生旱災共 24 次，發生頻率竟達到了平均 1.2 年一次的新高。

這些資料表明，歷史上的山西，至少在元代以前，是很少發生旱災的，「塞上江南」亦非逸美之辭。據考，山西在元明以前森林茂密，山色蔥籠，是國家木材的重要供應地，但元明以後，由於長期濫墾濫伐，這裡的森林資源遭到嚴重破壞，旱災不斷。在中國，雨神信仰的歷史固然悠久，但為什麼現存龍王廟中神靈偶像的形象多取法宋、明？我以為這當與宋、明以來旱災連年不斷，從而造成龍王信仰急劇升溫、龍王廟大肆興建並最終定型的特定歷史背景具有某種必然的聯繫。

第三章

祈雨儀式中的男人與女人們

在現代社會中，祈雨前後，女人的境遇是完全不同的。祈雨之前，女人一直是作為自然人存在的，她可以做女人該做的一切。但一旦決定祈雨，女人的活動就像被卡了殼的鐘錶，立刻「停擺」。

在農業生產過程中，乾旱是人類最大的天敵。據有關資料統計，因乾旱造成歉收乃至絕收的情況，遠遠超過風災、雹災、蝗災以及洪澇災害等對農業生產所造成的影響，為天災之最。僅以明代為例，據《明實錄》記載，在有明一代，驚動朝廷的大型旱災就多達 703 次，平均每年 2.6 次，至於州縣級的小旱更是不勝枚舉。就像在方志中我們很容易找到有關祈雨習俗一樣，在皇帝起居注一類的老檔中，我們也很容易找到皇帝因乾旱命地方大臣禱雨或自己親率大臣禱雨的紀錄。可以說，禱雨在中國漫長的封建社會發展史中已經成為上至君臣下至百姓的一件大事。這是因為旱災所威脅的絕不是人類的某一個體，而是整個社區、整個地域甚至是整個國家。祈雨儀式的一個最大的特點便是它的全民性。

據研究，華北地區的旱災具有明顯的節律性特點。一般的旱災主要發生在春（四～五月）、初夏（六月中上旬）、伏（七月上旬～八月下旬）、秋（八月下旬）四個季節，而以春旱所占比重最大。因此，一進入四月，從遠處吹來的陣陣燥風就會提醒人們：令莊稼人膽寒的旱季已經來臨。

隨著旱季的到來，祈雨活動也被人們提到議事日程，非常狀態下的人們，從三歲稚齒到八十老翁，幾乎所有人都受到了來自社會的重新「格式化」，原有的社會結構被打破，人群在新的社會規範下得以重新組合。

這時的人群被分成十分單純的兩大部分：男人和女人。其中，女人無形中又被分為女人和純陰者，男人則被分為祈雨者與常民。他們在祈雨過程中扮演著不同角色，發揮著不同作用。

第一節　女性祈雨的一般特徵

一、歷史上的女性祈雨

女人是祈雨活動中的一個特殊群體，在整個祈雨過程中，特別是在祈雨儀式的關節點上，大多數地區的女性始終處於一種迴避的狀態。我曾在一個正在舉行祈雨儀式的村落問過幾個十七八歲的女孩子：「你們為什麼不去廟裡祈雨?」她們羞紅了臉對我說：「我們一去就不靈了。」在田野作業過程中，我也曾就祈雨問題調查過許多老婦，但她們所能告訴我的，也都是一些極其常識的問題，因為她們沒有參加過正式的、大規模的祈雨。

為什麼女人一定要迴避祈雨呢?

從古籍中我們不難看到，古代並不乏女人祈雨的先例。《左傳·僖二十一年》：「夏，大旱，公欲焚巫尫。」杜預說：「巫尫，女巫也，主祈禱請雨者。或以為尫非巫也，瘠病之人，其面上向，俗謂天哀其病，恐雨入其鼻，故為之旱，是以公欲焚之。」《禮記·檀弓下》也記載了這樣一段對話：「歲旱，穆公召縣子而問然，曰：『天久不雨，吾欲暴尫而奚若?』曰：『天久不雨，而暴人之疾子，虐。毋乃不可歟?』『然則吾欲暴巫而奚若?』曰:『天則不雨,而望之愚婦人,於以求之,毋乃已疏乎?』」可見,焚巫曝尪,在春秋時乃是一種相當普遍的祈雨儀式。焚巫最早可能起源於遠古的曝巫,據《山海經·海外西經》記載:「女丑之尸,生而十日炙殺之。在丈夫(國)北。以右手障其面,十日居上,女丑居山之上。」袁珂認為這是一則關於古代曝巫求雨風俗的實錄。為什麼要曝巫求雨呢?古人認為,巫是天人之際的使者,而雨掌管在神靈的手中,曝巫的目的就是想通過這些痛苦難捱的巫師,讓天神了解下界缺雨實情,從而普降甘露。

儘管人們對巫尪的理解並不完全相同,但有一個不可否認的事實——這便是「巫」與「尪」肯定具有某種極為密切的聯繫。在特定條件下,「巫」就是「尪」,「尪」就是「巫」。因此,史書上往往「巫」、「尪」並提,他們很可能都是女性。

事實上,遠古的巫師並非都是女性。人們習慣上稱女巫為「巫」,男巫為「覡」,既然巫分男女,為何祈雨中只焚女巫而不焚男覡呢?推其原始,焚巫之俗很可能與母系社會的社會制度有關。在女性專權的母系社會,女性首領既是氏族內部政經大權的掌管者,同時也是祀神儀式的主持人。在先民眼中,女人是世界萬物的繁衍者,即是神(考「神」之本意通「申」,即繁衍萬物的意思)。她們具有溝通人神天地的本事,所以包括祈雨活動在內的許多宗教儀式,只能由她們主持。從另一個角度來說,女人既是一方首領,天罪下界,理應由她承擔。因此,每遇大旱,統轄一方的她,就免不了充當替罪羊的角色，替民求雨。當然，史料中我們所看到的焚巫，至多只能說是母系社會世風的殘留，因為那時歷史已經進入父系社會。隨著母系社會的崩潰和父系社會的到來，這一歷史使命責無旁貸地落在了男人肩上，男人代替了女性在歷史上所充當過的角色。《呂氏春秋》中湯禱故事所表述的正是這樣一幅史影。

以虐女方式祈雨的做法一直持續到漢代。但時代畢竟已經進步，焚尪又被改回到了原始的曝尪。漢儒董仲舒在《春秋繁露》中，就對這一習俗進行過翔實記載：「春旱求雨，……暴巫尪，期八日。……秋，暴巫尪，至九日。」與其他風俗志有所不同的是，《春秋繁露》的作者並不是為紀錄而紀錄，而是想以此為例，證明其天人感應學說。董仲舒為祈雨祈晴設計出一整套行為模式，即：「凡求雨大禮，丈夫欲藏匿，女子欲和而樂神。」反之，祈晴時，「令縣邑以土日塞水瀆，絕道，蓋井，禁婦人，不得行入市。」這是因為在他看來天人之間是相通的，這一相通非常鮮明地體現在天人之間的陰陽互動上，即所謂「天有陰陽，人亦有陰陽。天地之陰氣起而人之陰氣應之而起，人之陰氣起而天地之陰氣亦應之而起，其道一也」❶。說得再明白點兒就是女為陰，男為陽，天久旱不雨，必然陽氣盛而陰氣衰；而天久雨不晴，則必然會陰氣盛而陽氣衰。所以祈雨時要閉諸陽，縱諸陰，讓男人躲起來，讓女人出來娛神助陰，而止雨時則將女人藏匿起來，讓男子到社上祈晴。女人祈

❶ 董仲舒著，《春秋繁露·同類相動》。

雨在中國歷史上盛極一時，除上古留下的傳統外，與後來漢儒董仲舒的極力吹捧也不無關係。

在現代社會中，祈雨前後，女人的境遇是完全不同的。祈雨之前，女人一直是作為自然人存在的，她可以做女人該做的一切，即或在社首正式宣佈祈雨之前，熱心的女人們也還可以東走西竄，為祈雨化緣要佈施。但一旦決定祈雨，女人的活動就像被卡了殼的鐘錶，立刻「停擺」。這時的女性再不能拋頭露面，更不得窺視男人為祈雨所做的一切。對於男人忙碌著的祈雨，女人只能迴避。她們既不能邀自己的男人回家，也不能給男人做飯，在這方面，女人即使付出好心，也絕不會得到任何好報。

女人在祈雨過程中受到如此冷遇，通常被認為是女人身子「不淨」。有人說：「女人身子是半月乾淨半月不乾淨，龍王爺愛乾淨，所以不讓女人參與。」在中國，女人不淨的觀念由來已久，並表現在生活的各個方面，女人在進入非常時期或人生的某些關節點時，之所以多穿紅用紅——如出生時戴紅肚兜，結婚時穿大紅衣褲，過生日或過本命年時紮紅腰帶，都是以主動出擊的方式抵制不潔與邪惡。特別是女人來月經或是生孩子，更是不淨中的大不淨，處於這一時期的女子是絕對不能貼近神靈的。

二、女性祈雨的一般特徵

在常態與非常態這兩種完全不同的背景下，一些名詞的所指是有差別的。譬如「女人」一詞，在常態環境下，它指的是所有女人，即雌性的人；但在天氣大旱的非常態環境下，談起祈雨的女性，則僅指那些天癸未至的處子或是已經絕經的老婦，而不是所有女人。因為從文化意義來說，只有處子與寡婦才算得上是至陰至純的淨身女子，才有權參與祈雨活動，而那些與男子有染的已婚女子，則因其「不潔」而被排斥在祈雨行列之外。

人們在選擇求雨處女時，標準比較低，一般不在經期就可以。因為在嚴守貞操的年代，一個未婚的女子，除經期外，是很難與所謂的「不潔」發生關係的。

在處女祈雨行為中，有部分巫術行為具有占卜性質。如在河南新鄉地區，天旱不雨時，小姑娘們就會用殼甸蟲（即土鱉）鑽水道眼的方法來占卜近日是否有雨。具體做法是：先用手假裝在殼甸蟲的背上揪三下，然後把牠放在水道眼處，看牠能否順利爬過水道。孩子們一邊拍著地，督促著殼甸蟲，一邊口中唸咒道：

殼甸蟲，殼甸蟲，
揪你三下別嫌疼，
有雨溜牆跟，
無雨滿街行，
上天宮，找老龍，
下得溝滿河也平。

如果殼甸蟲沿著水道前行，並順利鑽過水道眼，則意味著老天將雨，如果四處亂爬，則意味著乾旱還要持續一段時間。

通過巫術判斷是否有雨固然重要，但更為重要的還是「鼓動」老天下雨，而「鼓動」老天的手段，當然還是巫術，因為當人類想戰勝自然但又無法戰勝自然的時候，巫術無疑是最「高明」的工具。

在晉中的祁縣，七女祈雨法十分盛行。每當這裡天旱不雨時，村裡都會選出七個聰明伶俐、品貌兼優、家門興旺的年輕女子出來祈雨。方法是先把這七位少女家中使用的蠟燭捏在一起，再將這七家的爐灰用水調成稀泥狀，然後與蠟渣渣一道抹在村中一塊光亮的方石上。石上放有一口大罐，內中盛滿清水。之後，七人手扶罐子，邊走邊唸叨著：「石頭姑姑起，上天祀雨去。三天下，唱燈藝，五天下，蓮花大供。」在當地，「唱燈藝」就是唱大戲，「蓮花大供」就是蒸上蓮花形的白麵供饃，獻給當求的神仙。

在山西省柳林縣的加善村，盤頭女子（處女）的祈雨方式是掃茅子（廁所）。這種活動一般由寡婦組織，全村盤頭女子，多寡不限，頭戴柳圈，用新掃帚一下一下地掃茅子，掃時排成一隊，正著掃進去，退著掃出來，邊掃邊唸叨：「攔羊小子曬死了，盤頭女子餓死了，寡婦老婆後走了。……大龍王下大雨，小龍王下小雨，山山窪窪下普雨，溝溝渠渠發大水。」家家戶戶掃完後，寡婦老婆煮米粥稀飯，叫大家喝一通，活動即告結束。在它左近的明家塢村，盤頭女子的祈雨方法更是簡單，她們將偷來的濕抹布，壓在自家的缸底下，據說隨著抹布水的滴落，天雨也會隨之而降。

與盤頭女子相比，各地更看重寡婦祈雨。在人們的心目中，這一群體已經並將永遠不會再被男人所玷汙，是世界上的「至陰至純」者，用她們祈雨，當然會更令人放心。

在有些地區，只要是寡婦都可以參加祈雨，但在諸如河北省赤城縣赤城鎮這樣的人口稠密區，由於選擇餘地大，人們在選擇寡婦時，條件相當苛刻：寡婦本人一定要守貞節，不能是再婚者，更不能行為放縱，一般要選擇守寡多年且不想再婚的老婦。這種人人稱「好寡婦」。顯而易見，「好」的標準，就是生理上的「至陰至純」。人們相信倘若選了不守本分的寡婦，將對祈雨不利。因此，人們對寡婦的挑選極為苛刻。不過，想做到這一點並不難，因為作為傳統觀念影響下的鄉民，就是在平時，也具有相當強烈的監督意識。在他們看來，寡婦的生活是否檢點，已不僅僅是寡婦的個人問題，而是關係到整個家族的名譽。在傳統社會中，被族人沉潭或吊死的女子，多半出於行為上的不軌。

在華北地區，祈雨之前人們常常請寡婦前往龍王廟打掃廟宇，其目的一是為祈雨之初的旱禱做準備，二是通過打掃廟宇過程中的一系列法術，迫使天神下雨。

在晉中，掃廟寡婦通常是七人，人們將這種儀式稱為「七寡婦掃廟」或「七婆婆洗十八羅漢」。屆時，村裡選出七位守寡多年的婆婆，她們每人手拿新毛巾，到廟中為十八羅漢抹面洗身，清潔廟宇。在沒有羅漢的小廟，滿堂神像便成了這些羅漢的代替物。老婆婆們邊洗邊叨咕道:「三天下，唱燈藝，五天下，蓮花大供。」

在女性祈雨儀式中，使用某種具有巫術魔力的實物和具有法力作用的咒語來致雨，是一種極為常見的祈雨方式。在山西左權縣，婦女們祈雨的道具通常是個簸箕。每遇天旱不雨，人們就會將簸箕取下，先簸揚幾下，後用水潦洗。在中國，簸箕是風的符號，風的象徵。簸揚簸箕，其實就是一種生風巫術。而往簸箕上淋水，則是在人為地演義布雨。俗話說:「風是雨頭，屁是屎頭。」先揚後淋的動作，淋漓盡致地表現出洗簸箕儀式的深刻內涵。婦女們在洗簸箕的過程中，邊洗還要邊嘟囔著:

洗，洗，洗簸箕，
洗下簸箕下大雨。
好雨下在俺地裡，
賴雨下在龍王水道裡。

據說，這咒語一遍遍地唸下來，老天爺就會下雨。

在山西陽城縣的下交村，取水人馬歸來時，寡婦們就會手持水盆，等在取水人馬必經寨門的閣樓上，當取水人馬從閣樓下經過時，寡婦們就會將一盆盆清水潑灑下去，人們深信這樣做也會下雨。

以模仿巫術來致雨的例子在中國不勝枚舉，在世界上也俯拾皆是。如在俄羅斯和日本的一些地區，人們通常運用擲火把的方式製造「閃電」，用馬車拖鐵桶的方式來製造「雷鳴」，而在俄羅斯塔拉申斯克鄉天旱不雨時，人們則用通過篩子往死屍上灑水的辦法，來模仿一場大雨的降臨。

作為慣制，女性祈雨通常只在女性文化圈內進行，但在延慶一帶，這些「純陰」的女人們並不忌諱與男人一道祈雨。在出馬隊伍中，十二童男、十二童女、十二寡婦（下營是八個寡婦），外加數量不等的成年男子，是最常見的組合。在河北省武清縣，情形亦大致相同。但事實上，在這些由男女老幼不同人群組成的祈雨隊伍中，每個群體都有自己的「十八般武藝」，而且彼此間並不相互介入。

在出馬隊伍中，男人的任務是取水，或是抬著龍王老爺遊街；而女人的任務則是掃坑。出馬途中，如路遇大坑，十二寡婦就會一起擁到坑底，在坑底亂掘亂掃，邊掃邊一起嚷道：「十二男，十二女，十二寡婦掃坑底。掃的掃，擁的擁，過不了三天下滿坑。」她們的儀式男人是不能參加的。當地人戲稱這是「小雞不撒尿，各有各的道」。同樣，男人的活動女人也絕不參加。這種男女之間互不參與、互不介入的做法，在祈雨活動中是極其常見的。

在華北地區，男性祈雨的規模比較大，儘管其中也不乏巫術行為，但祈禱、獻祭仍占相當比重，我們將它稱之為「祈雨儀式」似乎更為恰當。但與男性相比，女性祈雨的規模則要小得多，有時可能是幾個人，有時甚至只有當事者一人。她們的儀式也相當簡單，幾句咒語，一個簡單得不能再簡單的道具，就可以完成她們的祈雨活動。這種僅靠模仿巫術來控制自然、把握自然的做法，幾乎籠罩在女性祈雨的所有過程中。

第二節　祈雨儀式中的男性社會組織

進入父系社會後，華北地區的祈雨活動一直以男性為主，男性成員在祈雨活動中，發揮著舉足輕重的作用，在祈雨活動中占有絕對優勢，而這一厚愛當來源於文化對他們的選擇。

在 1949 年以前，華北地區村落權力多呈二元結構。在這裡，村務、村政歸村長管理，而民事以及與宗教有關的大事小情——諸如祭祀、唱戲、祈雨、敬神等信仰活動則歸社首掌握。兩者雖有交叉，但更多的是獨立。與一山二虎的雙層領導不同，這種二元領導基本上沒有權力上的衝突。

社首領導下的群體組織習慣上被稱為「社」，社是祭祀土地的社區組織，最初的土地神是個相當龐雜的概念，只要與農作有關，都在土地神的管理之列。但隨著民間信仰中神祇社會分工的不斷精細化，雨神從社神中逐漸獨立出來，加之旱情連年不斷，發展到後來，祈雨便成了社的主要功能，而土地神的職能反倒被弄得模糊不清。

原則上說，每個自然村就是一個社，但在較大的村落中，也可分裂為兩個或兩個以上的社。民間的社火活動，基本上就是以「社」為單位進行的。但正如俗語所說的那樣，「水災一條線，旱災一大片」，乾旱所造成的受災面積遠非幾個社的領地所能比，因此，祈雨幾乎成為所有村落的共同意志。在共同的困難面前，有著共同信仰的社團組織，便會結成一個更大的群體，以共同對付自然災害。前面我們所說的山西省河曲縣五村四社三十六馬道這個龐大的社會群體的出現，就是一個極好的證明。

與自給自足的小農經濟形成強烈對比的是，華北民間社會的祈雨組織有著嚴密的組織分工。在這個組織中有主管「社首」，有業務主管「保水的」，有業務主管助手「領水的」，有祈雨的具體實施者「善愚」，此外還有保水的「毛女」和盤唱的「叫雨」，而且每個職務的擔當者往往還不是一人。這些人在整個取水及出馬過程中，發揮著重要作用。

一、祈雨活動組織者 — 社首

社的首領習慣上被稱為「社首」，有的地方也稱「會首」、「糾首」或「糾首主人家」。他是一社的領袖，也是整個祈雨活動的組織者和協調人。

在華北村落中，社首的地位與行政系統的村長大體相當。所不同的是，村長是官選的，而社首則是民選的。據我們調查，多數情況下，社首很少出自極殷實的大戶或貧困潦倒的

3–1　祈雨歸來，河北赤城縣董家溝村。

農家。原因可能有二：一是極殷實的大戶人家常是官選村長的候選人，而村長與社首不能雙兼，在魚與熊掌不能兼得的情況下，人們很可能更熱衷於名利雙收的村長之職。二是殷實的大戶人家因為常常是倉滿囤流，糧食吃都吃不過來，所以，祈雨的願望不會像普通農民那麼強烈。不信你看看，在民間傳說中，那些對虔誠的祈雨者說風涼話的，不願出布施的，幾乎都是那些地主老財；當然，房無一間，地無一壟的佃農，雖然也盼好收成，但終不會像為自己土地祈雨的自耕農那樣強烈，所以，生活上居於貧富兩極的這些「兩極人」，一般是不會被大家推選為「會首」的。

據調查，祈雨活動中最具活力的是那些有點土地的自耕農，他們與那些沒有土地的佃農不同。對於那些沒有土地的佃農來說，沒有土地就沒有牽掛，實在不成可以出外逃荒，一走了之。但對於那些有點土地的自耕農來說，由於有了土地的牽掛，人們很難背井離鄉。他們的唯一出路，就是想方設法得到豐足的雨水，否則全家人就會忍饑挨餓。這種割捨不斷的土地情結，使他們成為祈雨的真正主力，社首一般正是從這一群體中產生出來的。

在華北地區，一社之中的社首往往不只一人，即或在一個規模不大的村落中，社首也往往會有四五個，多的則有六七個。當然，其中總頭只有一個，其他人主要是協助他的工作，這種體制與走行政系統的村長是有著較大區別的。究其原因，村長主要負責村落的日常事務，工作量比較平均，無需更多人的輔助。同時，當村長有一定的報酬，這個報酬最後被攤派到每個農戶頭上，村長越多，農戶的經濟壓力就越大，因此，農戶不希望村裡設太多的行政幹部。但與村長相比，社首的工作主要集中在一年之中的幾個關節點上——即幾個重大的祭祀活動中。這些大型活動用人相當集中，一個人是很難同時完成這麼多工作的。這種集中活動的工作性質，就要求必須有幾個頭目協助主持。其次，社是鄉間的群眾性組織，除祭祀活動所必須攤派的祭神費用外，活動主持人分文不取，財政制度也相對民主、公開❷，因此，對於這種多元組織建制群眾也比較容易接受。

❷ 據山西河曲縣坪泉社、下榆泉社的兩項調查，每次祈雨、唱戲的收支情況必須張榜公佈。

從名義上看，社首無疑是祈雨活動的最高指揮者，但實際上，他只是這一活動的主管和召集人。從某種角度來說，他的工作更具有主外性質，主要負責祈雨各社的組織協調工作。至於祈雨活動中的重要儀式，他是不能參加的，這一點，他的專業性遠不如善愚和保水的。以拜水為例，除善愚和保水的外，唯一可以到祈雨現場來的，就是祈雨活動的主持者——社首，但社首每次到祈雨現場，都必須磕頭，必須遵守祈雨儀式中的所有規矩，否則就會受到善愚的懲罰。據河曲縣坪泉村于貴榮老人回憶，50 多年前，他們村的社首黃二旦，因為到取水現場時忘了磕頭，便被保水的罰了十斤黃油。可見，在祈雨活動中，社首只是這一活動的組織者和協調人，僅就祈雨活動而言，他絕對算不上一個內行。

二、祈雨活動的技術指導者——保水的

保水的是祈雨活動的真正主持者。人們用這一稱謂來稱呼他，可能主要源於兩方面的考慮，即拜水時必須保證能拜到水，出馬時必須保證能保住水。可見保水的在祈雨活動中任務非同小可。

拜水時，保水的主要負責儀式的主持與技術的指導。拜水者是善愚，但並不是所有的善愚都明白拜水過程中各種各樣的技術環節和多如牛毛的禁忌，這一切都需要保水的親自指導。在拜水現場，保水的是最高技術負責人，偶爾一來的社首，只能幫助保水的打打下手，解決一下諸如善愚們的吃、

住等後勤方面的問題。

拜水時，拜水者的主要任務是安瓶。瓶是用集資來的錢從鎮上請回來的❸。據說，拜水的聖瓶必須由祈雨活動的技術總指揮——保水的親自購買。坪泉當時用的瓶是一種細口大肚黑瓷瓶，瓶肚直徑約 15 公分，高約 20 公分，而河北赤城董家溝的聖瓶則是個 15 公分高的大肚子鴨蛋色的瓷酒壺。在河曲下榆泉，拜水時，聖瓶是由保水的放在神臺上的。放瓶時，試水的黃裱紙捻也一起放到瓶裡。這一切均由保水的親自完成，善愚不能看，更不能上去幫忙。按規定，保水的每天要上三次供，每次上供時，都要看一下黃裱紙捻是否已經上水。上供的供品是三碗麵條，敬供之後的麵條由善愚們一人一碗吃掉。在給水神廟進供的同時，也要給三聖廟和龍王廟的神靈進供，分配不公，神靈們生了氣，祈雨就會遇到許多麻煩。但那裡的儀式與拜水無關，社首就可以主持。

拜水時有許多禁忌，其中之一就是不殺生。來什麼東西都不能打，只能躲。保水的為能順利地拜到水，經常對善愚們這樣說。1942 年下榆泉村拜水時水神廟來了一匹狼，就在拜水處旁邊的柳樹下臥著，也沒人敢動牠，過了兩天牠才走

❸ 在華北民間，凡是與宗教有關的用品都被視為聖物，買東西不能稱之為「買」，只能叫「請」。如「請尊關老爺」，「請尊菩薩」等等。如果這些聖物在使用時被弄壞，也不能隨意丟棄，而應在淨身之後，小心翼翼地將損壞物埋藏在被視為「潔淨」的地方，故民間有「請神容易送神難」的說法。

掉。在拜水過程中，即使村民也不能殺豬殺羊，不能吃葷。

按下榆泉前人定下的規矩，善愚們如果磕三天還磕不起水來，就要更換善愚，如果磕起水來，但不下雨，保水的就會命令善愚們按兵不動，繼續磕頭。一旦下雨，水瓶就會在大家的簇擁下被送到三聖廟，這時才能出馬。準備接水時，要上五碗供，其中有豆腐、山藥等等，全部素食。接到水後，要放鐵炮三響，炮聲一響，五村四社三十六馬道中稍近的一些村落就都知道了。這些活動只有社首、保水的及磕頭的善愚們可以參加，別人一概不得介入。鐵炮粗過牛腿，故叫「牛腿炮」。牛腿炮響過，保水的從水神廟後身小泉眼裡採來三小盅泉水，併入聖瓶中，然後小心翼翼地將水瓶用紅布包好。這時的水瓶中所盛的已經不再是一般的水，而是能帶來更多雨水的雨的信息物。拿當地老百姓的話說，「那水可貴氣了」。在祈雨過程中，儘管社首的名分最大，但按規矩，神聖的水瓶社首是不能拿的，唯一可以享此特權的只有保水的一人，社首只能端端供品，或打打鑼什麼的。保水的將三聖爺、水神爺和青龍爺的三個出府神像或紙牌位與水瓶一起放到一個方木盤裡，由自己端著，社首或端供品，或跟在後面打鑼，三個善愚什麼都不用幹，他們一手拿木魚，一手拿木棍，三步一叩頭地敲著缽（木）魚跟在後面就可以了。

出馬時，保水的工作又馬上轉移到了「保水」上——即保證雨瓶的萬無一失。在下榆泉，出馬時三聖爺的大紅轎在前，水神爺的小藍轎居中，龍王爺的小藍轎殿後。當地人解釋說，這樣安排完全出於對雨瓶安全的考慮，因為雨瓶就安置在居中的水神爺的轎中。除此之外，兩個毛女在前，三個善愚在後，保水的和頂水的緊隨在水神爺小轎的左右，人們用人牆將雨瓶緊緊圍住，生怕雨瓶突然消失。可以這樣說，雨瓶是祈雨活動的全部成果，它是雨的象徵，是雨的信息物，有了它就有了雨水，丟了它就丟了滋潤萬物的甘霖，所以不能有絲毫閃失。每到一村需要歇馬（休息）時，以上人等不能遠離水瓶。夜宿某村，別人可以住在老鄉家，也可住在廟院，但頂水的、保水的、毛女、善愚等出馬要人，只能住在廟裡。這一來是怕見女人，二來也是為了更好地保護放在廟堂裡的水瓶。這是保水的最重要的本職工作，也是特意選出頂水的作為保水的助手的根本原因。由於這項工作具有一定的專業性特點，同時又具有相當強烈的神祕色彩，所以，保水的多以家傳為主，這一點與民選的社首有所不同。

三、拜水活動的實施者 — 善愚

祈雨活動中，最辛苦的就是善愚。所謂善愚，就是在祈雨儀式中，以自殘方式，乞求龍王降雨的人。大概「善」是指他們一心為民，「愚」則指他們愚昧頑固。據說這些善愚們從祈雨那天起，一直到祈雨結束，每隔一段時間，都要用香燙、刀扎、戴鐐、扛鍘刀、跪石子等方式自殘，以乞求神靈降雨，故當地人稱之為「惡祈」。

用這種極為殘酷的方式進行祈雨，多半是出於對久旱不雨的無奈，也是當時的人們不得已而為之的一種無奈選擇，人們相信，在旱禱、寡婦祈雨、善人祈雨、曬龍王、唱雨戲都於事無補的情況下，只有以惡祈的方式才能打動神靈，令龍王降雨。由於惡祈的殘酷，有錢人家是很少有人出來充當善愚的，充當善愚者多半是貧困潦倒的窮人，而且，多半出於以下幾種考慮：

一、家裡出了病人或家裡有了什麼災難，為了消災避難，主動充當善愚。

二、以前遇到什麼災難時，曾向神許下過充當善愚的願，到了祈雨需要他出來的時候，他就會主動走出來充當善愚。如果原來許下願，屆時又不肯還，那就會給他自己帶來「極大的不利」，這是許多人都忌諱的。

三、當然，更多的善愚都是信徒，他們深信通過自己的惡祈，定能獲得龍王老爺的憐憫，並得到救命的雨水。

四、經濟上的原因。在山陰縣，作為對惡祈者的回報，善愚可以在祈雨後免掉當年所有苛捐雜稅。據說山陰的惡祈非常殘酷，出馬時，惡祈者要用鐵鉤鉤住鎖骨，像犯人一樣，被人牽著走上幾十里的山路，以贖罪的方式，乞求龍王下雨。人們認為這些人是在為村民犧牲自己，是在為村民做好事，因此，這些人在民間很受尊重。據調查，這些人的家境一般都不是很好，所以除心善外，經濟方面的收穫，也不能不說是一個十分重要的原因。也許正是因為這個緣故，擔任惡祈的善愚幾乎沒有一個是有錢的大財主。

當然，想當善愚，這還只是個人的一廂情願，要想入選，還必須具備以下幾項條件：

一、充當善愚者必須是男性，女性是不能充當善愚的。這一點與城隍廟會上允許女性充當罪人善愚是有區別的。

二、充當善愚者必須心地善良。祈雨活動的參加者，幾乎都是公共事業的熱情參與者，也都是心裡裝著別人的善良人，不具備此素質，是絕對不會參加祈雨的。但與七寡婦祈雨、善人祈雨相比，在祈雨過程中，善愚所受到的苦難，是其他所有祈雨方式參與者都無法與之比擬的，如果沒有一顆善心，也很難在關鍵時刻挺身而出。

三、一定要有吃苦精神。當善愚極辛苦，祈雨時，為使老天下雨，他們常常以跪石子、曝曬、香燒、刀扎等多種自殘方式向龍王祈雨，跪雨多日若仍不見下雨，他們甚至將飯鍋倒扣起來，每天僅以炒米、涼水維生，這也是一般人難以做到的。通常情況下，善愚的家人大多也不希望自己的親人遭受那麼多痛苦，但善愚自己決心已定，家人也只好同意。

祈雨前，善愚的選拔通常有兩種方式：一種是自己報名；一種是會上指定。但即使是會上指定，也多半是因為大家已經知道為還願，某人已經有了當善愚的想法，強制性的指定是沒有的。為強調祈雨者的神性，人選過程常常要通過神選方式完成，這便是推選善愚過程中的所謂「神請」。「神請」，就是社上一燒牒文，善愚就會心領神會，不請自到。善愚也承認自己是被「龍王爺抓來的」。善愚到後，鳴牛腿炮三響，上香三炷，供麵條三碗，這三碗供麵一定要用大碗，否則就是小看了神。供麵放在三聖爺的神位前，供他享用。上供後還要燒黃裱，黃裱可多可少，沒有一定之規。上面有字，字是和尚寫的，俗稱「牒文」。燒牒文時，四個社首、保水的和和尚師傅都在場。燒完牒文，善愚上來，表個態，事兒就算定下來了。善愚有的地方用三個，有的地方則用五至七個，如果來得多了，就通過抓鬮的方式決定人選。方法是善愚先磕頭，然後將紙團做成的鬮放在鑼裡，令一個人跪下，將鑼頂在頭上，善愚依次抓鬮，誰抓到就是誰。善愚年齡多在 30 ～ 40 歲之間，20 歲以下的幾乎沒有。

在山西河曲縣坪泉村，善愚祈雨最初也是在廟中舉行。儀式所用供品都由善愚親手製作。擺好供，善愚們挽起褲子，面對龍王爺，跪在廟院地上，開始了他們的漫長祈雨。當地將這種祈雨方式叫「拜旱香」。拜旱香的時間多寡不定，但至少三天。在這段時間裡，預測是否下雨的手段之一，就是打卦。這種預測方法，一天只能進行一次。如果三天之後還不下雨，善愚就必須進入祈雨的第二道程式——拜水。

在坪泉，善愚們的拜水活動一般都在極其隱祕的情況下進行。首先他們先將祈雨場所用樹枝包圍起來，使其形成一個相對封閉的空間，之後，善愚和保水的來到泉邊，洗瓶，曬乾，並將瓶口用紅布包好，然後安放在露出水面的三塊石頭上。同時黃裱紙裹香，捻成一個紙捻捻，用於查看是否有水。

安瓶之後，上香，擺供，然後每人跪一爐香。在坪泉，善愚的禱告通常是以唱曲的形式來表現的：

敬上一爐香呵，
跪倒在拜水場，
可憐旱民遭苦罪呵，
身負重刑來贖禍殃。
善愚我喪天良，
作事理不當。
我犯天神律呵，
才遭這旱天長。
我求天神爺呀，
念民是群氓，
自負重刑跪拜香，
求神開恩長。
阿彌陀佛，天神爺呀！

敬上二爐香呵，
天神爺早開恩呵，
水神爺早開恩呵，
難民苦求神水來呵，
快往神瓶裡邊裝呵。
普救眾生灑細雨呵，

拉阿彌陀佛呵！

供上三爐香呵，
我肩膀上燃黃香呵，
小刀刺骨滿肩傷呵，
跪拜水神曬毒陽呵，
跪拜三天兩夜長呵，
拉阿彌陀佛，水龍爺呵。❹

但也有的地方跪香的方法不是長跪不起，而是站起，拜一下，跪下，叩頭，循環往復，體力消耗極大。

拜水開始後，善愚們在泉邊上方的坡地上搭起窩棚，吃住在這裡。每天的飯食大多是白麵素油、豆稀粥、乾饃饃，如果拜了幾天仍不見下雨，善愚們就會乾脆將鍋扣起，每天吃炒米、喝稀粥。直至拜到水為止。

拜水成功的標誌是瓶中有了水珠，判斷方法不是用肉眼看，而是用黃紙裹香做成的黃紙捻捻探瓶底，香頭濕了❺，就說明拜到水了。從科學的角度看，瓶中有了水珠，就意味著近期肯定有雨，這一點與雨前水缸表面會掛水珠的道理是一樣的。在坪泉，只要拜到水，不管是否馬上下雨都要出馬，

---

❹ 周七十、武換生講述，張存亮紀錄，〈難友（善愚）拜水歌〉，河曲民間文學集成編委會編《河曲歌謠集成》。

❺ 一般要求香頭要濕 3 公分左右。

而每次出馬前後還真都下雨,這說明拜水本身並非全是迷信,而是其中的科學成分並未得到很好的解釋,從而使這一充滿前科學色彩的行為,一直作為迷信遭遇社會的冷眼,這是不公允的。

拜到水後,要求保水的馬上用紅布將水瓶包好,由保水的抱上,與善愚們一起直奔半山坡上的小龍王廟,出馬之前,雨瓶就一直保存在那裡。

從科學的意義上說,拜到水,就意味著空氣中已經有了潮氣,這意味著雨水的將至。為了早日普降甘霖,為了讓本社區的人都能得到豐足的雨水,此時的人們還要舉行更加盛大的祈雨活動,這便是出馬。

作為祈雨儀式重要參與者的善愚,在出馬途中與保水的一樣,始終不能離開雨瓶半步,為敦促老天下雨,已經傷痕累累的善愚,這時還要主動為自己加刑。

善愚自殘的方式很多,為使老天下雨,祈雨時他們常常採用跪石子、曝曬、香燒、刀扎等多種方式向龍王祈雨。出馬時,這些人又在原有基礎上用扛鍘刀或用鐵鉤鉤住自己鎖骨,讓人拉著出馬祈雨,其痛苦程度令人目不忍睹。類似內容在山西河曲縣黃河畔龍王廟壁畫上也有所反映,表現出這一習俗所具有的悠遠歷史淵源。所不同的是,民間祈雨行列中的水官牢頭在這裡被換成了陰間的小鬼兒。在華北,用於善愚傷口消毒的唯一方式是用嘴往善愚的傷口上噴酒。在酷暑難捱的夏季,如不妥善處理,傷口是極容易感染化膿的。

在整個祈雨過程中，拜水集團與出馬集團在人員構成上儘管有交叉之處，但兩者區別仍十分明顯。其主要區別在於：前者具有較強的「專業性」，人員也相對集中；而後者儘管也有相對固定的社會分工，但他們更強調人多勢眾的排場。

3–2　善愚惡祈圖，山西河曲縣郊外娘娘灘村龍王廟。

正如上面我們曾分析過的那樣，在中國的民間信仰中，龍王的地位並不很高，所以只得到了一個「王」的封號，這是個不爭的事實。但是，對於在乾旱中煎熬的農民來說，乾旱是擺在他們面前的頭號敵人，誰能救民於苦海，誰就會成為他們心目中最大的尊神，因此，在抗旱過程中，龍王的社會地位隨著旱情的不斷加劇也會陡然攀升，甚至在整個出馬過程中，龍王搖身一變，扮成了古代帝王的模樣，整個出馬儀式也戲劇化地再現出古代帝王出行的壯觀情景。組成這偌大場面的是以下幾個儀仗方陣。

四、叫雨巫術主陣營 — 鼓樂方陣

在山西河曲地區的出馬儀式中，緊隨在開路鑼後面的鼓樂方陣是一個非常重要的組合。在這個方陣中，鑼鼓鈸和長號是比較常見的樂器。通常開路鑼分別吊在走在最前面的扛旗人旗杆的握柄處。鑼聲顯示著帝王的尊嚴，告訴閒雜人等立刻迴避。緊接著是長號隊，這裡用的長號足有四、五尺長，從實物及龍王廟壁畫得知，那是黃教寺廟中常見的樂器。山西民間用它出馬祈雨，很可能與和尚師傅的參與有關。接下來的是笙、簫、嗩吶、小嗩吶（海笛子）、扇鼓、小鑔、雲鑼等，據縣誌記載，在祈雨出馬的隊伍中，還有塤這種古老樂器。法國人 E. De Vleeschouwer 在他的山西祈雨習俗調查報告《K'IYU 祈雨》中，也提到了一種被稱之為「送」的樂器，細細想來，很可能就是塤。我們曾粗略地統計過，祈雨時所用樂器，多在七、八種至十三、四種不等的樣子，以打擊樂和管樂為主，但絕無絲弦。這也許與樂器需在行進中演奏，而弦樂又無法做到這一點有關。在這裡，樂隊的作用呈現出多元特點，它既可娛人、娛神，同時也具有通過敲鑼打鼓催促老天下雨的巫術作用。在這裡，樂器同時也是法器，具有一定的法器作用。

先來看鼓。鼓是龍王廟壁畫中最常見到的樂器。龍王布雨時輔助神雷公所使用的布雨道具就是一組環身大鼓，這是因為在古人心目中，天上的雷聲就是雷公擊打天鼓造成的。人們祈雨擊鼓，就是試圖通過模仿雷公擊鼓，引來天穹雷聲，督促龍王布雨。

當然，在民間傳承中，祈雨都有專用鼓點兒，它就像專用密碼一樣，直接傳遞給龍王，進而達到督促龍王布雨的目

3–3　擊打開路鑼的人肩扛飛虎旗，山西河曲縣娘娘灘村龍王廟。

3–4　祈雨行列中的吹長號者，山西河曲縣娘娘灘村龍王廟。

的。晉城市五龍河西村 73 歲的八音會傳人李守信說，他們村取水時用的鑼鼓點是 11–12–12–1234–123–121，這種鼓點兒平時是不能用的。相反，如果用紅白喜事上用的鑼鼓點則是絕對祈不到雨。在延慶下營，神祕的祈雨鑼鼓點被人們「翻譯」成了人言，人們在擊打著鑼鼓的同時，一邊還要伴著鑼鼓點兒的節律喊著「陰下陰，下陰下，陰下陰下陰陰下，今下明下後還下」的號子。據說，這「陰下陰，下陰下」就是鼓點兒的內涵，敲著這種鼓點兒才能祈下雨來。在這裡，鼓，已經不再是單純的樂器，而是巫術中的法器，是一種專門用於祈雨的道具；鼓點兒也已不再是簡單的節奏，而是人人都懂的咒語。

祈雨用的另一種常用樂器是鈸，東北俗稱「鑔」。這也是龍王廟壁畫中常見樂器之一。在民間信仰中，諸天神中唯一能使用這一道具的便是電母。壁畫中，電母常常通過雙鈸相擊，發出耀眼的閃電，在雷鳴電閃的鼎力協助下，龍王才能順利完成布雨任務。出馬隊伍中，打鈸者將鈸高高揚起的動作，顯然意在模仿電母的所為。

當然，正像龍王廟壁畫所告訴我們的那樣，在不同時間、不同地點，電母使用的法器也有所區別，除常見的雙手持鈸外，電母有時還以單手持鏡（銅鏡）的形象出現在龍王廟的壁畫或雕塑中。作為一種古老文化的傳承，據說也曾出現在歷史上的祈雨活動中，如山西河曲縣祈雨時，叫雨杆杆上就曾懸掛過銅鏡，我想其原型很可能就是龍王廟壁畫中電母手中的銅鏡。它與叫雨杆杆上懸掛的銅鈴，共同構成了對雷鳴電閃的模仿。但銅鏡畢竟很快便被歷史淘汰了，那麼，轉型後銅鏡的替代物又是什麼呢？答案是鑼。這是因為不但形制上鑼與銅鏡極為相近——特別是古代用的平面鑼，就是從鈸、鼓、鑼在祈雨活動中彼此從不分開這一點看，也很容易從中悟出它們彼此間的對應關係。

五、顯示皇威的強大陣容 — 儀仗隊

除樂隊外，顯示皇威的儀仗隊在出馬的過程中也具有一定的表演性質。出馬時的龍王位同皇帝，不但要坐黃羅大轎，同時還要有黃羅傘蓋。黃羅傘很高很大，要把它舉起並能轉動，絕非易事。譬如來到某村龍王廟廟門時，門很小，習俗又不允許將傘收起後進門，這就要求打傘人拿出一套絕活，把傘掄圓，使偌大的傘蓋，遊刃有餘地穿門而過。

山西河曲縣坪泉村出馬時有六、七頂轎子，其中有裝龍母的，也有裝五龍王的。有時土地爺也跟著湊熱鬧。為表皇尊，轎子兩邊還配有兩個男扮女妝的「毛女」（處女）服侍龍王老爺。毛女的年齡一般限定在15–18歲之間，人選要求長相秀氣，個頭相當。毛女頭梳抓髻，手持蠅甩，身穿紅肚兜，但不施粉黛。他們的任務就是保衛取水的勝利成果——放在龍王身邊的水瓶，他們有權力轟走任何試圖靠近水瓶的人。他們的另一項重要任務就是在途中歇息時，取代叫雨的，相互對歌，調劑情緒。

再後面的是執事，他們也是這支儀仗隊的重要成員，他們手拿金瓜鉞斧朝天鐙，行列整齊地走在隊伍中間。

此外，行進隊伍中還有手持鐵繩大鏈的牢頭，他們是整個出馬隊伍中的執法者，無論是誰，只要違反禁忌，他們都有權將其拿下。

據老人回憶，在這組轎子後面，還有一隊八音會跟在後面，與前面的八音會不同的是，前面八音會的演奏者是和尚，而後面這組八音會的演奏者則是鼓喪家，也就是民間辦喪事時找的民間藝人。

在一般人的理解中，老龍王是不親自出馬的，真正出馬布雨，應該是五龍王或布雨童子的事。為了能讓五龍獲得布雨權力，五龍出馬時，還要有人為他們隨身攜帶著老龍王的大印。講究一點的則將大印放在轎中，由兩個人抬著。

類比皇帝出行，是人們對出馬隊伍在規格上的一個基本要求。在他們看來，在中國農業社會中，天上管雨的龍王，位同人間的帝王，因此，出行隊伍應盡量顯示出他至高無上的神權地位。但是深居山溝的鄉民，不可能見過皇帝的龍顏，更不可能見過皇帝出行的派頭，在祈雨過程中他們又怎麼會想到皇帝出行的樣子呢？在調查中，我們也試圖從縣誌等地方文獻中了解到歷史上是否有皇帝真的來過這裡，但答案是否定的。如果不是親歷，那麼，他們的出馬陣容又是模仿了什麼？

據筆者分析，龍王出行的龐大陣容，很可能出自對以下諸出行儀式的模仿：

第一，出自於對縣官出行的模仿。據鄉民們回憶，歷史上，河曲的縣太爺確實來過下榆泉。另外，這裡離縣城並不很遠，遇有縣上舉行重大儀式，這裡的鄉民有觀看過的可能。

其次，出自於對城隍出巡的模仿。據調查，歷史上河曲縣城有城隍廟，且每年都要舉行三次規模宏大的城隍出遊儀式。兩者在人員組成、儀仗陣容等方面都有許多相似之處，民間社會出馬祈雨儀仗的出現，很可能來自於對城隍三巡儀式的模仿。

第三，有可能來自對民間小戲中皇帝出行儀仗的模仿。與城隍出巡相比，龍王出馬又有許多個性化的東西。譬如，在城隍三巡中是沒有黃羅傘蓋和玉皇大印的，這是因為城隍只是陰間的一名縣官，沒有資格用黃羅傘蓋，更沒有資格用玉皇大印。龍王出馬儀式中的黃羅傘蓋和御印不可能來自於對城隍出巡的模仿。據鄉民們介紹，這些器物的使用與民間小戲中皇帝出行時所用道具有關。正像上面我們所介紹的那樣，在民眾的文化生活中，每年數次的唱戲活動，是農村文化生活中最為重要的娛樂活動之一，這也是生活在窮鄉僻壤的農民們了解大千世界的唯一窗口。在民間小戲中，儘管以描寫民眾生活的小戲居多，但也絕不乏帝王戲的出演。如朔縣大秧歌中就有《罵金殿》、《泥窯》、《過江》、《趕齋》、《劉唐下書》等反映帝王宮廷生活的劇目，其中，這些劇目中就有皇帝出行的場面，這些場面、儀仗、道具、行頭，都不可能不對民間文化產生積極影響。

六、出馬活動中的藝巫 —— 叫雨者

出馬時，叫雨的是表現最為活躍的因素之一，他們的主要工作是兩兩盤唱，藉此活躍隊伍氣氛，督促龍王布雨。盤歌的內容非常豐富，有盤唱歷史的，有對唱歲時曆法的，考問對方農活知識的，但更多的內容都與祈雨有關。他們常常結合出馬途中的所見所聞，唱出上述內容，以豐富大家這方面的知識。如：「叫雨杆杆一條龍，葫蘆鈴鈴響聲抖雷聲」，叫雨杆杆之所以被稱之為「叫雨杆杆」，是因為從形體上看這長長的杆體本身就是一條龍的化身。從音響上看，它之所以被飾以葫蘆、銅鈴、銅鏡嘩嘩作響，是因為人們試圖通過這種模仿巫術，達到雷聲轟鳴、大雨滂沱的目的。再如：「神羊本是個花眉眉，龍王爺見了笑嘻嘻」，是說祈雨時用羊而不用其他動物，是出於龍王老爺對羊的偏愛。為緩解出馬帶來的疲勞，盤唱中善意的譏罵、機智的打鬥是常有的事，特別是出馬隊伍在某村休整後準備上路時，該村叫雨的與出馬隊伍中叫雨的之間的對唱，更是趣味橫生。據馬混在老人回憶，有一次當出馬隊伍即將

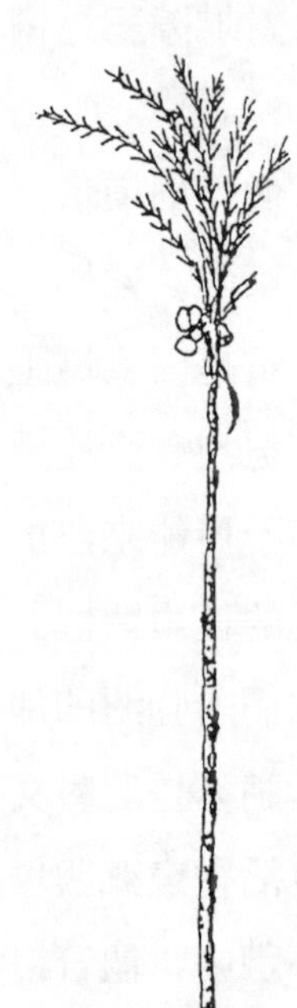

3–5　叫雨杆杆，這種祈雨道具在山西河曲縣是很容易見到的。

離開某村時，雙方一老一少兩個叫雨的就這樣對唱起來——年少的唱道：「駱駝敢大骨架高，臨死還得挨一刀。」年老的回敬道：「娃娃不大又來小，夜壺頭（夜壺）耍水打不徹底。」他們就是這樣，用生動的語言，挖苦對方的短處，使疲憊的出馬隊伍永遠充滿著歡樂。

山西、陝西、甘肅一帶，是中國西部民歌的故鄉，這一帶自古就有對歌傳統，在這裡想找幾位能對能唱的歌手並不難。難的是除能說會唱外，叫雨的還必須具備有關祈雨、上供、請神、歷史、天文等各方面專業知識，知道什麼場合唱什麼以及應遵守什麼樣的禁忌等等。如在對方問及杆子的來歷時，叫雨者必須說出杆子的來龍去脈，不但要把杆子誇成一朵花，而且還要把它各種飾物的功能說得清清楚楚，這是很難的。

流傳在山西河曲縣坪泉村的一首〈盤杆子歌〉是這樣唱的：

起句：叫令官，你是聽，咱把杆子明一明。

問：杆子本是一根柴，哪個山裡長出來？
答：提起杆子那根源，崑崙山上長起來。

問：誰人擔水誰人澆？誰人把它護養高？
答：山神擔水土地澆，魯班把它護養高。

問：誰人進山把它砍？誰人造化六尺三？

答：柴夫進山把它砍，魯班造化六尺三。

問：誰人拿上把它油？誰人交在手裡頭？

答：吳道子拿上把它油，接遞神交咱手裡頭。

問：杆子好比是個甚？你與為弟講分明。

答：杆子好比一條龍，龍能治水把雨生。

問：杆子舉起叫個甚？杆子落地是何情？

答：杆子舉起龍擺尾，杆子落地虎翻身。

問：拴上銅鏡為個甚？拴上銅鈴是何情？

答：拴上銅鏡閃電明，銅鈴一響似雷聲。

問：拴上紅頭繩為個甚？拴上葫蘆是何情？

答：拴上頭繩招水蒸，拴上葫蘆起雨風。

問：拴上柳梢為個甚？拴上布條為何情？

答：柳梢招來甘雨淋，布條鋪開五方雲。

結句：提起杆子你都會答，句句說得頂呱呱。

在這裡，答者不但通過杆子的出處，以及杆子養護者、裝飾者的大名，點出了它的神聖，同時，也通過一問一答，道出了叫雨杆子的象徵意義，如果沒有祈雨方面的專業知識，人們是不可能說出個子午卯酉的。

其實，在為期三天的出馬途中，與祈雨有關的對唱畢竟是比較少的，人們考慮最多的還是如何解除出馬者的疲勞和乏味，因此，與此有關的盤唱也就比較多。這類盤歌大致可分為兩類，一類是一路上迎來送往帶有慰問性的盤歌，這類盤歌不但增進了出馬者與迎雨者之間的情感交流，同時幽默詼諧的歌詞也很容易消除出馬者一路上的疲勞。一類是漫長路途上的出馬隊伍中叫雨者之間的相互盤唱，這種盤唱帶有極強的知識性，如〈三國九九消寒圖〉就是將三國故事與九九歌結合起來，通過盤問，來考問叫雨者歷史與節氣方面知識的：

甲：一九冬至一陽生，誰人道臺祭東風？
乙：孔明道臺祭東風，一心他要用火攻。

甲：誰人不識東風計，什麼人傷了百萬兵？
乙：曹操不識東風計，一火燒了百萬兵。

甲：二九節氣盡小寒，誰人帶兵下江南？
乙：曹操他把戰船坐，帶上大兵下江南。

甲：誰人解開連環計，誰人東風燒戰船？
乙：龐統解開連環計，孔明東風燒戰船。

甲：三九硬凍遍地冰，三國何人是英雄？
乙：三國英雄趙子龍，長阪坡前真威風。

甲：誰人他把阿斗抱，是誰救出曹兵營？
乙：子龍他把阿斗抱，七進七出闖曹營。

甲：四九天寒地又凍，誰人江東去招親？
乙：劉備江東去招親，三道錦囊成了功。

甲：誰人定下美人計，賠了皇姑又損兵？
乙：周郎定下美人計，賠了皇姑又折兵。

甲：五九正在正月裡，百步穿楊是何人？
乙：百步穿楊黃漢升，箭射金錢喜氣生。

甲：大戰長沙什麼人，誰人順說投關公？
乙：大戰長沙留情義，魏延順說投關公。

甲：六九頭上打罷春，誰人要把大令行？

乙：孔明獨坐中軍帳，一心他要把令行。

甲：誰人前去殺番章，誰人然後取烏林？
乙：趙雲前去殺番章，張飛然後取烏林。

甲：七九行路把衣擔，誰人畫圖邁西川？
乙：張松他把圖本畫，手拿地圖邁西川。

甲：誰人義釋老嚴顏，誰人死在落鳳坡？
乙：張飛義釋老嚴顏，龐統死在落鳳坡。

甲：八九立來兵法書，誰人招親在東吳？
乙：先主招親在東吳，全憑四弟一猛虎。

甲：誰人單刀去赴會，漢國治世企大夫？
乙：聖賢單刀去赴會，漢國治世魯大夫。

甲：九九遍地草青青，誰人社稷數三分？
乙：漢帝社稷數三分，如何江山能安穩。

甲：誰人茅廬安排定，誰人託孤白帝城？
乙：孔明茅廬安排定，先主託孤白帝城。

叫雨者大多博聞強記，所唱祈雨歌也確憑口耳相傳，但除此方式外，民間也流傳有唱辭腳本。如河曲縣坪泉村于貴榮老人所珍藏的《祈雨詩文》(叫雨歌集)，就記載有〈盤杆子〉、〈十大接神圖歌〉、〈十大請神歌〉、〈十問兄弟歌〉、〈二十八宿亂鋪雲〉、〈三國九九消寒圖〉、〈問地方家規〉、〈送句歌〉、〈叫雨句〉等多首祈雨歌。我們可以想見這類祈雨歌集在祈雨歌流傳中所起的重要作用。

第三節　隔絕兩性的神祕屏障

在祈雨過程中，男女的界限有時是以物化形式實現的，這個物化形式通常就是龍王廟的圍牆。在我的知識範圍內，廟牆通常是一道分割聖境與俗界的分水嶺。它的作用是在提醒人們,此時自己已經進入到了一個與俗界完全不同的境地，面對新的環境，闖入者必須對自己的言行加以重新整合，以符合聖境要求。虔誠的教徒們在進入聖境之前之所以撣衣整冠，實際上就是已經接到了這種來自聖境的暗示。除伊斯蘭教外，其他廟院的牆體很少有從性別角度區分、阻擋來訪者的功能。但進入非常態的龍王廟卻與此不同：它的牆體除具有保護廟院財產、區分聖境俗界的功能外，還具有明顯的區別男女兩性的功能。

在祈雨期間,龍王廟因其獨特作用而成為聖境中的聖境，此時，出出入入的都是男性，而女人是絕對不能進入的。對此，民間有種種解釋。山西吉縣的一種解釋說，龍王貪酒好色，儘管龍宮中宮娥采女成千上百，但龍王總是貪戀民女，在廟會上，只要有民女走進廟門，一眨眼的功夫，就會消失得無影無蹤。因此，這地方每年廟會，雖然熱鬧非凡，卻沒有一個民女敢去。但一般的人則認為女人之所以不能進廟，是因為女人不乾淨。

唱戲是祈雨活動的一種重要方式，據研究，早期的戲臺大多建在龍王廟的廟院裡，面對龍王廟正殿的廟門。打開廟門，龍王老爺就可以直接欣賞到在廟院裡為他演出的戲曲，由於祈雨的男性可以進廟，因此觀眾中除龍王外，又多了一個新的觀眾群體——這便是參加祈雨的男人。但在稍晚建成的一些龍王廟中，這種傳統的建築格局已發生悄然變化，戲臺由廟院之內，漸次移到了山門之外。格局的變化反映出人們觀念的變化——儘管龍王仍是觀眾之一，但已經不再是受眾的主體，龍王已從主席，移到了最後一排，唱戲已經從娛神開始向娛人的方向轉化，神的地位開始在人們的心目中動搖。另一個值得關注的現象是，女性作為觀眾的一員，也出現在看臺上，它改變了作為女人不得看神戲的傳統，但同時也遵循著祈雨時女子不能進入廟院的古訓。

民間認為龍王廟所供奉的只是龍王老爺的牌位，而龍王的真身則始終潛伏於龍潭，因此龍王廟只是旱情初起，人們旱禱時使用的場所，隨著旱情的加劇，旱禱無應時，人們才會轉到龍潭，向龍王老爺的真身求雨。這時，祈雨聖境也隨之轉移到了龍潭或龍泉,阻斷男女的圍牆也發生了質的變化。

在山西河曲縣坪泉村，柳枝圍牆將這裡的取水祕境與外界分離開來。人們在取水之前，首先需要做的第一件工作就是將取水祕境——水草溝的「神泉」用柳枝圍個水泄不通。在這裡，柳枝牆成了隔絕取水者與常人的一道神祕屏障，在這個屏障裡，具有巫師色彩的善愚們，實現著他們與上天的溝通。在這個過程中，一般的人是絕對不能闖入的。在拜水儀式開始前的頭三天，善愚們就不能回家了，據說是怕他們接觸女人，拜水的整個過程也不許受到外界圍觀，如果有人圍觀，就會受到拜水者的鞭打，因為這樣做褻瀆的不僅是拜水者,同時也褻瀆了所有祈雨者的誠心。出於這樣一種考慮,一般人是絕對不會做出任何不利於拜水的事的，否則你就會受到整個社會的圍攻,在一夜之間成為整個社區的千古罪人,女人尤其如此。

在取水等靜態環境中，圍牆是隔絕男女、遮擋祕境的主要屏障，人們用柳而不用其他樹種做牆，所看重的絕不僅僅是密密的柳枝可以遮擋視野的物理功能，而是因為柳枝在祈雨這個特定的事件中所特有的神性。

與滿族不同的是，在漢文化圈中，人們對柳似乎並無更多偏愛。就像苗族人更看重楓樹一樣，漢族人所看重的更多是桃樹，他們認為桃樹可以避邪，因此早期對聯所使用的材料就是桃板，道士驅鬼時所使用的器物也多用桃木做成。在漢族人的傳統觀念中，柳樹至多只是一種易活樹種。即所謂

「有心栽花花不開，無心插柳柳成蔭」。不知是受了這種觀念的影響，還是受到來自印度佛教（佛教中觀音菩薩手中就執有柳枝）的薰陶，柳不知從什麼時候起，居然與祈雨發生了聯繫。在中國早期的雨神中，赤松子就是一位手持柳枝的雨神，以後的壁畫中，布雨的五位龍王也無一例外地繼承了這一傳統。

在華北祈雨儀式中，柳枝是不可或缺的道具。無論是取水、出馬，還是臥雲，人們手中都少不了柳枝，不啻如此，人們還要頭戴柳圈、門插柳條，甚至連龍轎上的涼棚、抬龍轎用的轎杠、人們手持的叫雨杆、擺放供物用木架，也必須用柳木或柳條做成。在當地人看來，柳枝不但可以招致雨水，同時，它身上所具有的神性也可以阻擋來自俗界的威脅。

在華北地區，取水地往往遠離村落，有的甚至要走上兩、三天的路程，取水歸來的途中，最大的忌諱便是遇到女人。所以，這時的雨瓶不但需要有屬龍的人揣在懷裡加以保護，同時，人們還要做一道移動的「圍牆」，將懷抱雨瓶的人層層圍起，這層「圍牆」就是「青龍」、「白虎」兩面大旗以及圍繞在抱瓶人周圍的警覺的人群。

在山西柳林下嵋芝，取水歸來時，為了避免見到女人，除需要抱瓶者必須將水瓶用紅布包好，深藏懷中外，一行中還必須有一個人在前面探路，遇有女人，就會立即將她驅趕到路邊做迴避狀。同樣是為了迴避女人，一路上他們不能走村穿寨，只能在人煙稀少的山路上穿行。他們認為取來的水如果被女人看見，將會失去應有的靈驗。

在中國華北地區，男人的祈雨活動一直在迴避著女人。在河北省富寧縣，在舉行傳統的祈雨活動時，女人都會被反關在房門之內，據說這是為了不叫她們看到扛著龍王神像四處遊街的裸體男人。但事實上，唯恐被女人見到的並不是祈雨的實施者，而是這些實施者所使用的道具——雨瓶。雨瓶有的地方叫「水瓶」，有的地方叫「罈子」，它是祈雨過程中用來取水的容器。人們認為取入罈中的龍潭之水具有神性，能夠以一當十，數滴水就是一場透雨，因此，在整個祈雨過程中，雨瓶一直受著高規格的保護。

3–6　祈雨用的雨瓶，河北赤城縣董家溝村。

按習慣，取水歸來後，雨瓶由善愚交保水的，其間，就是社首也不能碰雨瓶半下。出馬過程中，雨瓶始終伴在保水的身邊，就是晚上睡覺，也不能離開半步。

為避免雨瓶因女性窺視而失去神性，在整個祈雨過程中，雨瓶始終受到重重保護。在常態情況下，雨瓶始終用紅布包裹著，紅色可以避邪，這一作用，就是高貴的黃色也無法勝任。

在中國，人們十分看重紅色的這種特殊作用，給新生兒做衣做被，給新娘子製作嫁妝，給老人祝壽佈置壽堂，使用的顏色都是大紅。人們將取水用的水瓶裹以紅布，目的就是避邪。而在鄉民眼中，這個「邪」在相當程度上是指女性。

第四章

神祕的祈雨儀式

在曬龍王、斬旱魃以及取水等祈雨儀式中，人一直是作為儀式主體出現的，他們時時刻刻都在進行著與大自然的抗爭，這種抗爭雖然是虛幻的，但它卻真實地再現了人類面對自然時所表現出的那種不屈不撓的抗爭精神。

祈雨儀式是龍王信仰的重要組成部分，是龍王信仰得以實施的具體的操作手段，沒有儀式的龍王信仰是不存在的。在華北地區，由於各地自然條件不同，人文背景有別，各地的祈雨儀式也千差萬別。但在這諸多差異中，他們又遵循著一個大致相同且循序漸進的祈雨模式，這便是旱情初發時，人們一般只使用旱禱或唱雨戲的祈雨模式，試圖通過虔誠的禱告、豐盛的佳餚，和動聽的雨戲來打動龍王老爺的憐憫之心。雨戲或旱禱無應，人們就會再嘗試著用斬旱魃、曬龍王等不甚恭維但又比較經濟的方式根除旱魃，喝令龍王布雨。倘若還不應驗，無奈之餘，人們才會走向龍潭，希望通過對龍王「真身」的祈禱，得到久違的雨水。但這樣做便需要花費大量的錢財。在民間社會中，許多看似無序的行為，其實一直是在有序狀態下運行的，而調解這一運行節律的正是神判，即通過占卜、打卦、抽籤等方式，完成人們對祈雨方式的選擇。

第一節　旱禱儀式的分類與基本模式

在中國，祈雨儀式多具鮮明個性，這也是它有別於其他宗教儀式的不同之處，如曬龍王、取水等等。但也有一些與普通宗教儀式非常相近者，這便是旱禱。這種儀式多在廟宇中舉行，且儀式程式基本不與水發生關係，故稱「旱禱」。旱禱是一種通過禱告、香火和犧牲來央求神靈，進而使神靈布雨的禱告模式。

一、旱禱儀式產生的文化背景

據觀察，旱禱儀式主要出現在以下三種場合：

一是乾旱初發或旱情較輕之時；二是官祭場合；三是出現在與祈雨有關，但禱告對象又不是龍王的所有場合。

㈠乾旱初發時的旱禱儀式

乾旱初發，旱情尚不十分嚴重，這時，鄉民的祈雨活動主要是通過旱禱來完成的。「旱禱」只是一種通稱，各地習慣不同，具體的禱告方式也有區別。

在山西朔州北部的肖西河底村，人們最常用的旱禱方式是「七童子祈雨法」。旱情初起，村上一旦決定祈雨，會頭們

4-1 旱禱用的龍王廟，山西朔州市肖西河底村。

便會從村裡找來七個五至七歲的男童，讓他們頭戴柳圈，赤身裸體，來到龍王廟，跪在廟中祈雨。當地稱「跪雨」。這個村龍王廟裡的龍王是泥塑的，塑像前有供桌，跪雨前，先在供桌上擺上供食。南西河底村的供食以油食、甜食為主，有一窩蜂（饊子）、油果子、糖條和供卷（用麵做成的花饃饃），除供食外，祈雨前還要準備好燈油、供香和羯羊等，那時縣城有供品鋪，供品都是從那兒買來的。供品的製作者都是男人，女人是不能染指供品的。

祈雨時，除七個男童外，會頭和其他人等均可在場，但女人除外。旱禱的第一個儀式是上香稟牲。稟牲的對象必須是閹割後的公羊，即羯羊。屆時，七個男童、會頭及村民代表排成一列列橫排，跪在廟內；一般百姓及看熱鬧的人則跪在廟院裡。稟牲的羯羊頭東尾西站立，等待會頭稟牲。稟牲又叫「淋牲」，通常的稟牲是指用盆、壺等器皿盛上水或酒，從頭至尾澆在作為稟牲動物的脊背上。稟牲的羯羊為抖落身上的酒水，常會劇烈顫抖，按迷信說法，這就是神已經稟牲。人們看到羯羊抖動，就會歡呼雀躍，大呼小叫道：「稟了，稟了！」隨後焚香叩頭，感激涕零。外面負責點炮的人聽到歡呼聲，就會立即點燃已經準備好的鞭炮。如果羯羊遲遲不抖，眾人就會不停地央求道：「討個大臉哇，討個大臉哇——」直至羯羊抖動身軀為止。接下來的便是殺牲、分肉。據說凡是為祈雨掏了錢的人家，每家都會分得一份二、三兩重的羊肉。因為這是供過神的肉，大家格外珍惜，一般情況是不會送給外人吃的。

以上是第一天上午的活動，從這天起，直至下雨止，這七個男童必須每天跪雨。跪上三天，如果還不下雨，就改成一個人接一個人地輪流跪雨，每人跪一爐香，直至下雨。

山西柳林明家塌村把旱禱叫「跪廟」。方法是一家跪一爐香，跪了三天如果還不下雨，才考慮其他祈雨方式。

山西河曲，素以取水聞名，但這裡的善愚在取水之前，也採用旱禱方式跪雨。旱禱的地點通常在廟中。儀式從給「神神」❶上供開始。供品主要是撒有黃油或豆腐哨子的白麵條。供品數目取單不取雙，一般是三、五碗，但絕不能是四、六碗。供品的製作者不是心靈手巧的女人，而是摸慣了鋤把子的善愚，這對於在「男主外，女主內」思維定式中成長起來的山西男人們來說，確實有點難為他們，但按傳統他們必須這樣做。

因為是旱禱，這時請的神並不僅限於龍王，甚至不以龍王為主。這與後來的拜水儀式是不同的。在坪泉村旱禱儀式上，供品擺好後，首先有個接眾神的儀式，其中的儀式歌〈十大接神歌〉是這樣唱的：

一接玉帝獻甘霖，大發慈悲顯神通。

玉帝大發慈悲心，你看神通不神通。

---

❶ 「神神」，山西方言，神靈的意思。

二接王母娘娘聖水瓶，答救世人與眾生。
她能救下咱的命，滿斗黃金謝神恩。

三接神農皇帝君，佈滿田苗多茂盛。
神把田苗保養好，神農神恩咱忘不了。

四接佛主三聖人，奏上玉帝苦民情。
他與玉帝把信通，咱大家小戶都安生。

五接五方五海龍，各執神功起了空。
五方龍王起了空，霎時鋪雲把雨生。

六接雷祖大帝君，閃電放光蓋世明。
放光閃電如點燈，一雷震開萬里雲。

七接風王雨施神，清風細雨來降臨。
清風細雨下個飽，咱打的糧食吃不了。

八接八方八洞神，各使其能顯威名。
八洞神仙顯威風，要救世人眾殘生。

九接九天仙女神，騰雲駕霧半天雲。
九天仙女起了空，也有救人一片心。

十接十殿閻君神，暗使陰功救陽民。
使陰功，救陽民，閻王判官少收生。

諸神皆在雲端坐，回頭再請四方神。
先接神，後請神，咱按禮請來按禮行。

這〈十大接神歌〉表面上似乎是在接十大尊神，但實際上他所接的是十方尊神，粗粗算來至少有二、三十位之多。他幾乎已經把布雨、農業以及以慈悲為懷、神通廣大的大多數神靈都請到了。但這還算是少的，在許多地區，上至佛、道諸神，下至各方俗神，一請就是數百位，這也充分體現出中國人「禮多人不怪」、「寧落一屯，不落一人」的傳統觀念。

㈡官祭與旱禱

旱禱也適用於官祭。俗話說：「水災一條線，旱災一大片。」在中國歷史上，旱災對社會的影響是巨大而深遠的。因而，一旦旱災來臨，不僅民間，就是各級地方政府甚至中央政權都會積極行動起來，參加到以巫術為手段的抗旱活動中。與民間祈雨活動主模式——取水、曬龍王不同，官方所採取的主要祈雨模式仍然是旱禱。

山西晉城河西五龍宮位於山西晉城城郊，這是個由幾個大社聯合建造的大廟。晉城原是古澤州府的所在地，據傳，

4–2　五龍宮，山西晉城市河西村。

這座歷史悠久的龍王廟是應詔敕建的，在整個晉南地區小有名氣。由於是敕建，這裡舉行的祈雨儀式自然也是典型的官祭。據村民回憶，在 1945 年之前，這座五龍宮的大殿前簷下還掛有一塊「敕建五龍宮」的大匾，日本人侵占山西後把它當劈柴燒了。因此，何時敕封並不很清楚，只知道當時討來的皇封是「天下都龍王」。天旱得不行時，知府都會躬身親赴五龍宮佈壇祈雨。隨行的有各級長官，上至知府、知縣，下至村長、閭長以及各社社首，只要有點名分的都可以參加。儀式的第一項是四個鄉長口咬紅色「禁口條」❷，端上敬神供品。嘴叼「禁口條」的目的就是不讓說話，以免褻瀆神靈。端盤子以鄉長為主，如果人手不夠，還可找他人代替。但必須是雙數，不能出單。供品主要有敬神饃饃、饊子等。上完供品後，知府燒香、升裱，宣讀祈雨文，然後身穿大布衫的

❷　一種內用麻桿紙，外用紅紙做成的三角形禁語道具。

老社（社首）率村長、閭長叩頭。

本村村民唯一可以參加的活動是到井中撈鐵牌。從其他地區遺留下來的官祭資料分析，撈鐵牌本身具有一定的官祭特徵❸。撈鐵牌也叫「撈龍牌」，所謂「鐵牌」或「龍牌」是指用鐵或銅鑄造的祈雨用的金屬牌子。在五龍河西村，管廟的給我們出示了一件標準的木制鐵牌模型。這件用木板刻成的「鐵牌」長一尺二寸，寬一尺，上面「鑄」有「風調雨順」幾個大字。一般的鐵牌都落有上下款，上款書名諱，讓龍王知道是誰鑄的，哪方缺雨；下款則一定要註明鑄牌時間，這樣才能準時得到龍王老爺的及時雨。由於鐵牌並非統一製作，所以大小、輕重並不完全相同。撈鐵牌時，首先要將井中的

---

❸ 作為官祭的一種，這一祈雨儀式也曾出現在河北省的邯鄲。美國人明恩溥在他的《中國鄉村生活》一書中，就曾提到過這一習俗：「在邯鄲（位於直隸西部）古城裡有一座現在已經廢棄的廟宇，廟內一個著名的井中有著許多鐵牌，無論什麼時候缺雨水了，這種鐵牌總是最後的求助手段。通常是縣官將城內及附近的廟宇巡迴一圈之後，即刻派一名官差去邯鄲古城那個廟宇，大概需要幾天的路途，取回一塊鐵牌（同時他要先帶去一塊鐵牌——筆者補）。這塊鐵牌上刻有出發的日期，以及請願縣城的名稱，當他到達廟宇之後，通過支付一筆錢款，得以從井中取走另一塊鐵牌，同時將他帶來的鐵牌投入井中。」詳見明恩溥著，午晴、唐軍譯，《中國鄉村生活》，時事出版社，1998年版。

水全部排出，方法是先在井邊支上兩架轆轤，然後兩架轆轤同時工作，將井水掏乾。由於這口井既大且深，從上午開始，一直要掏到下午才能結束。水剩得不多時，一個人潛到井底撈出一塊鐵牌。鐵牌撈出後，先放在供桌上頂禮膜拜，然後抬著鐵牌繞街遊行。如果祈雨成功，一方面要將拿走的鐵牌送回，同時還要重新鑄一塊新鐵牌，與舊鐵牌一道重新投入井中。如果不靈，則不必放回。

這一祈雨習俗究竟起於何時我們並不清楚，但可以肯定的是早在宋代這一習俗即已出現，宋代典籍《夷堅志》所錄「詣井投牒請水」之法的出現便是明證。

撈鐵牌習俗的另一個突出特點，就是承認龍在布雨方面所具有的絕對權威性。在當事人的眼中，龍井中的鐵牌猶如龍宮裡的尚方寶劍，只要得到他，就能夠得到豐沛的雨水。

與豐富多彩、充滿地方特色的民間祈雨習俗不同，官祭更強調祈雨儀式的規範性，十足的規範甚至被他們視為走進上流社會的資本，對於那些受過皇封的廟宇來說，尤為如此。

㈢非祀龍型禱雨儀式

在中國，雨神與某些俗神或地方上的方神常常被人們混為一談，這樣做的結果便是祭祀對象的泛化。在華北地區，除龍王外，俗神湯帝、大禹、關公、二郎神、孫悟空、觀音，方神山西晉中一帶的空望佛田善友等等也常被人們視為雨神。因為他們與水本無必然聯繫，因此，這類在俗神廟宇中舉行的祈雨儀式也常被人們稱之為「旱禱」。

二、旱禱的基本模式

與其他祈雨儀式相比，旱禱中較少巫術成分，這種儀式使用最多的還是獻祭與祈禱。

向神獻祭，是人類社會以物易物交換模式在神靈世界中的折光。但與順其所好的贈與模式不同，獻祭龍王的供品不是古代傳奇中龍王的喜食，而是當地人日常生活中的所愛。在山西旱禱儀式中，人們看到的最多的供品就是當地人最喜歡吃的、被當地人稱為「油食」或「甜食」的「一窩蜂」、「油果子」等等。在山西人眼中，過油加糖是各道美食必不可少的加工方式。此外，各地還有一些地域性很強的祭祀供品，如延慶下營用模子扣出來的四喜包子，山西陽城後則腰用蜜做出的足有一人高的巨大的麵食牌樓等等。村民們告訴我，給神進獻的供品必須講究，送上的東西不成樣或分量不足，都容易引起龍王的怪罪，反倒誤了大事。所以，即使是在貧困地區，人們獻祭的供品至少也得是澆有豆腐哨子的打鹵麵，用粗糧獻祭的情況是非常少見的。在延慶下營，文革時祈雨活動被嚴格禁止，但老年人仍在暗中進行。連年的動亂，已經使當地農民即使逢年過節都很難見到一捧白麵。但為了祭龍祈雨，寡婦們還是找到生產隊長，說清緣由，隊長就會給她們開個條子，到城裡的糧店買上二斤「社會麵」❹，給黑

❹ 專門賣給農村病人、產婦的特供麵粉，一般一次可以買二斤。

龍爺做上二斤喜字包子。

需要特別指出的是，在整個華北地區，祀龍祈雨所用祭牲幾乎都是羊，這與中原傳統並不完全一致，而與北方民族——甚至包括那些南下的北方民族——如彝語支民族中的納西、彝等民族卻有著驚人的相似。這又是為什麼呢？

4–3　蚌殼龍，河南濮陽出土。

4–4　玉豬龍，內蒙古翁牛特旗三星他拉村出土。

翻開中華文明史就會很容易發現，在中國，龍觀念的產生首先起源於北方，以後才漸次南下，敷衍開來，並最終成為全國乃至整個漢文化圈的共同信仰。以考古發現為例，目前發現年代最早的龍形文物，是遼寧省阜新查海遺址 1994–1995 年第七次發掘出土的一條距今七、八千年前的石塊堆塑龍，1987–1988 年在河南濮陽縣城內發掘出土的距今 6400 年左右的華夏第一龍——西水坡蚌殼龍，和 1971 年在內蒙古翁牛特旗三星他拉村出土的距今約 5000 年的玉豬龍。這些早期龍文化的發現，基本上都集中在我國的北方地區。正如大家所知道的那樣，上古這一地區的牧業在國民經濟中占有舉足輕重的地位，羊不但是這些民族的主要食物來源，同時也是這些民族祭壇上的常見供品。我們有理由假設，北方民族在遠古祭龍祈雨儀式上所使用的血牲很可能就是羊。在這一傳統影響下，凡接受了龍文化影響的民族或地區，也都同樣接受了北方民族以羊為血牲的祭祀傳統。今天我們所看到的華北地區祀龍祈雨儀式中用羊廩牲的做法，很可能正是華北社會對北方民族地區祀龍祈雨必用羊牲這一傳統的最好繼承。這一點與他們祭關公、水神等純正中原神祇時用豬廩牲的傳統是截然不同的。

禱告是旱禱儀式的重要組成部分，也是「旱禱」一詞的由來。在旱禱儀式中，禱辭可分為韻文體及散文體兩大類。至於到底使用哪種文體，主要還是根據當地的敘事傳統。如在山曲流行的山西、陝西、甘肅一帶，韻文體相當流行；而在中原一帶，散文體禱辭則明顯多一些。但從總的傾向上看，各地韻文體禱辭的總量明顯高於散文體。

祈求、懺悔、奉承是祈雨辭的三大主題。也是人們在禱雨過程中取悅、打動神靈，進而說服神靈施恩雨於萬民的常用手段。

作為儀式的一部分，禱告總是安排在獻祭之後。民間解釋說這叫「吃了人家的嘴軟，拿了人家的手短」，進了供再求神，就不愁辦不了事。可見，在民間信仰中，儘管神靈都被說成是救民水火的英雄，高尚無比，但人們在對待神靈的態度上則顯得相當世俗，他們一直在用世俗的心理去解讀神靈們的內心世界。而且，這種做法一直貫穿於儀式始終。

三、祈雨棒：探知天意的祕器

在曬龍王、斬旱魃以及取水等祈雨儀式中，人一直是作為儀式主體出現的，他們時時刻刻都在進行著與大自然的抗爭，這種抗爭雖然是虛幻的，但卻真實地再現了人類面對自然時所表現出來的那種不屈不撓的抗爭精神。這種精神也是我們在旱禱儀式中所不曾見到過的。在旱禱儀式中，除了阿諛逢迎、虔誠悔過和竭盡全力的賄賂外，唯一能夠表示出一點人的主觀意志的做法，就是利用巫術手段所進行的探知天意的占卜了。

在旱禱儀式中，人們最常見的占卜方式就是打卦。占雨的卦具不是籤或帖，而是祈雨棒。

在華北地區，祈雨棒的叫法很多，山西柳林下嵋芝鄉叫「卦錘子」，朔州肖西河底村、河曲縣坪泉村叫「卦碢碌」，河曲縣下榆泉村叫「八棱棱木棍」，而甘肅天水一帶則稱「八卦」。但一說起「祈雨棒」，很多人都懂。山西柳林下嵋芝鄉的「卦錘子」現存三枚。一枚為八面棱柱體，長 15 公分，直徑 2 公分，八面分別寫著：「不日有雨」，「上上大吉」，「三日有雨」，「時時有雨」，「當日有雨」，「五分（風）十雨」、「口願不明」和「有口無心」；另一個大小相仿，上寫：「三日雨吉」,「口願不明」,「沛然下雨」,「上上大吉」,「當日有兩」,「有口無心」,「雲行雨施」,「勸人早回」;第三枚卦錘子長 15 公分,直徑中間有 3 公分,兩邊有 2 公分,也是八面,上寫:「當口為明」,「有口無心」,「當日有雨」,「上上大吉」,「口願不明」,「一日有雨」,「勸人早回」,「來心不明」。

據當過雨馬子的王振武介紹,凡「當日有雨」、「一日有雨」、「三日有雨」、「三日雨吉」、「時時有雨」、「不日有雨」、「上上大吉」、「五風十雨」、「沛然下雨」、「雲行雨施」的,都是上上卦;而「口願不明」、「有口無心」、「勸人早回」、「來心不明」等卦辭則是下下卦。在 24 組卦辭中,上上卦 14 組,占總數的 58%,而下下卦則只有 10 組,占總數的 42%,反映出打卦人的求吉心態。但從另一方面也可以使我們看到,

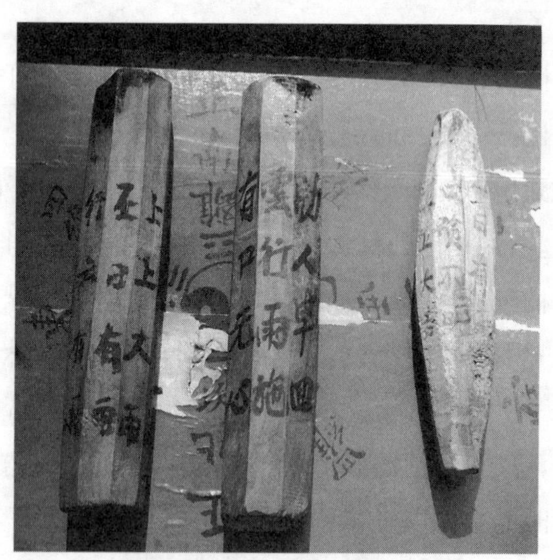

4–5　祈雨棒,山西柳林縣下㟐芝村。

下下卦在卦辭的設計上，也極力迴避著不吉和對神祇的不恭，卦辭的意思明明是無雨或是神祇不會降雨，但卦辭的設計者也一定要把他說成是「口願不明」、「有口無心」或是「來心不明」，總之一句話，不是神祇不給雨，而是你自己沒說清楚，沒想清楚，只能責任自負。「勸人早回」的意思也是說你還是早點回去，想清楚再來。

打卦的方式各地大同小異，其基本方法是在給龍王磕頭時，將卦放在頭頂或頭頂的鑼（有時是木盤）裡，在磕頭磕到第三次時，有意讓卦從鑼中掉出，然後由別人根據落在地面上的祈雨棒朝上一面所寫字跡，來判斷上天是否有意布雨及何時布雨。

民間祈雨所用祈雨棒平時多放在龍王廟中最靈驗的那位本地龍王手中。如肖西河底村的祈雨棒平時就放在三龍王的手中，而其他龍王，特別是那些主冷雨或冰雹的龍王們，是無法得此殊榮的。

第二節　曬龍王型祈雨儀式的原則、解釋與流變

一、曬龍王的原則與本土觀念

在神靈世界中，許多神靈都會因具有一技之長而受到世人矚目，人們也希望通過虔誠的禱告和豐裕的供品贏得神靈們的歡心，從而得到自己所需的一切。因為神靈具有神性，

即使祈禱不應，一般情況下，人們也不敢有什麼怨言。相反，人們總是在不斷反思自我的過程中，尋找失敗原因，宗教信仰正是在這樣一種心態的驅動下被維繫至今的。這幾乎成為包括龍王信仰在內的所有信仰所共同走過的一段歷程。但與其他信仰不同的是，如果久禱無應，掙扎在死亡線上的農民就會因無法承受乾旱的折磨而對布雨神靈說不。

在華北，人們最常見的舉動就是曬龍王。這也是中國祈雨習俗中為數不多的一種對龍王施以「惡祈」的行為。然而，神靈畢竟是神靈，在傳統社會中，像延慶下營人那樣敢於向本村神靈施暴的畢竟有限，人們更為通行的做法是去鄰村偷盜他村龍王，並拿回施暴。

在山西陽城縣臺頭鄉的龍王廟裡供奉著三尊龍王。龍王像有一尺來高，紅臉藍衣，中間的大一些，兩邊的小一些。天大旱時鄰村人就會跑到這裡偷盜龍王。為不使所在村知道，行動多在後半夜進行。這裡的習慣是抬著轎子去，回來時用轎子將龍王抬回。而另外一些地區則習慣用褲子❺將龍王老爺的神像背回。如果本村龍王還沒被別村偷走，村民們只能將剛剛偷來的龍王暫放在村廟或祠堂，如果本村龍王已經被別村盜走，則可直接放在本村龍王廟。龍王偷來後，早晚尚可享受「神神」待遇，由看廟和尚或是本村社首燒香上供。但太陽一出來，人們就會將他擺放在廟院中陽光最充足的地

❺ 中國農村習慣穿肥肥大大的免襠褲，將龍王塑像一個褲筒放一個，跨在肩上背回，至為方便。

方曝曬。天陰下雨，就用東西蓋一下，如果只下了場小雨，就會接著曬，直至下了透雨為止。到了第七天，如果還不下雨，老社首就會把村民發動起來，敲鑼打鼓，抬上龍王在村裡村外轉上一圈，讓龍王看看民間苦情。如果還不下雨，憤怒的村民們就會拳打腳踢，施以暴力，不靈驗的龍王常被打得遍體鱗傷。

龍王通常是在下雨後才被送回的。送龍王時，事先通知對方送龍人數，去的那天每家出一個人，全部加起來總有一百來號人。但女的不能去。送龍王時對方管飯，通常是壓餄餎，吃多少給多少，對方不能嫌。但不能吃得盆乾碗淨，應多少剩一點，以示「富富有餘」。當地把這叫做「跟上龍王吃賀雨」。

曬龍王的原則是捨近求遠。在民間信仰中，神靈是不可侵犯的，為避免龍王老爺的報復，也為了自村龍王能在今後的日子裡繼續保佑本村莊稼的平安，在曬龍王的祈雨儀式中，人們很少曝曬自村龍王，而是想方設法利用夜幕做掩護，去鄰村盜取別人的龍王，所以，人們常將曬龍王說成是「偷龍王」。在他們看來，別村的龍王也管下雨，曬壞了、打壞了是人家的事，下了雨則是自己得利，這樣一來，既達到了自己的目的，也逃避了責打神靈的罪責。

二、虐待龍王的幾點解釋

在中國，人們對神靈向來尊敬有加，與此有關的種種禁忌與傳說，也一直在默默地維繫著這種民間信仰的傳承，許多廟宇無更無鎖卻很少失竊，原因就在這裡。然而，在龍王信仰中，這一恆定法則出現傾斜，天旱不雨時，人們對龍王怨聲載道，有時甚至會拳腳相加，使龍王成為人們施暴的對象，這樣的事例在中國民間信仰中是極為罕見的。從某種角度來說，龍王實在是中國民間諸神中十分不幸的一位。為什麼龍王而不是別的神靈會遭此不幸呢？大家知道，在傳統觀念中，任何事物都有相關神靈的護佑，如果哪個環節出現紕漏，人們都會怪罪相關神靈。但相比較而言，絕大多數的災害都不是滅絕性的，只要天不滅人，一般人除了心裡暗暗怪罪怪罪神靈，深刻地反省反省自己外，很少有敢於向神靈施暴者。有些自然災害——如地震、颱風、洪水、泥石流——雖然是滅絕性的，但來去匆匆，人們也很難有機會對相關神靈動氣以制止災害蔓延。然而，與其他災害不同，旱災有個循序漸進的過程。旱情初至，人們也很少向龍王施暴，但隨著旱情的不斷加劇，自己辛辛苦苦耕耘出來的莊稼眼看就要面臨絕收時，人們才會使用曝曬、暴打的方式向龍王施壓，以制止更嚴重的災害發生。

據我所知，與龍王同樣飽嘗曝曬和拳腳之苦的還有一位，這便是城隍。但這位主管陰間的主神卻很少因陰間管理的混亂而飽嘗拳腳，相反，他被加以拳腳與曝曬的理由，多半也是出於祈雨不應。

其次，在民間信仰中，龍王雖然具有很大的實用性，但他的神格決定了他不可能成為一位什麼偉大的尊神。

在中國傳統社會，人們雖然出於某種功利目的少不了恭維這位布雨神靈，但在他們內心深處，龍王與土地一樣，都是神祇中的小字輩，很難登上什麼大雅之堂。這種蔑視並不是什麼後起的偏見，在明代甚至在唐代，這一觀念便已經堂而皇之地出現在了當時的大眾傳媒。在成書於明隆慶至萬曆年間的《封神演義》中，李靖的幼子哪吒就曾大戰東海龍王，抽筋揭鱗，把個東海龍王父子打得體無完膚，原形畢露。在明·吳承恩的神魔小說《西遊記》中，威震八方的四海龍王在作者筆下也變成了幾隻唯唯諾諾的可憐蟲，就連涇河龍王也因觸犯了天條而被人曹官魏徵斬首示眾。其實，對龍王這尊小神的蔑視，早在唐代就已經出現萌芽。在李朝威的傳奇小說《柳毅傳》中，涇河龍王的二公子就曾因虐待妻子而被別人斬草除根。正因為民間有虐龍的傳統，所以，後人在曝曬龍王或對不雨龍王施以拳腳時，才會因承繼了「光榮」傳統而覺得理直氣壯。

三、南北方曬龍王儀式比較

曬龍王是中國民間祈雨方式中最為常見的一種，但具體操作起來，南北兩地並不完全相同。與北方曬龍王所用泥塑龍王不同的是，在浙江奉化等南方地區，民間曬龍王所用對象多是青蛙、蜥蜴、鰻魚、螃蟹一類水生動物。這些小動物都是人們在接龍時從水潭中撈來的，此後一直放在聖瓶中。

南方一些地區的所謂「曬龍王」，實際上就是在烈日下曝曬這些小生靈。因為曬龍王說到底是對龍王的一種懲罰，是對神的大不敬，搞不好不但影響個人，而且還會殃及全村，所以，這類比較極端的做法，通常都是在族長的「唆使」下進行的，這也是一些族長擔心祈雨折壽而不願組織祈雨的原因之一。

天旱不雨時，族長就會暗中物色兩個膽大的窮漢去曬龍王。因為這是個得罪神靈的活兒，沒有特別的好處誰也不會幹。曬龍王的人可在一年之中白種廟田兩畝作為回報。重賞之下，窮漢們就會手提棍棒，氣勢洶洶地直奔龍王廟。

在此之前，管龍桌，伺候龍王老爺的人已經得到族長暗示，並不去攔截。手持棍棒的一位先指著龍桌上的聖瓶罵道：「斷命龍王，你瞎了眼，沒了良心，稻曬死了你還不下雨，你存心不讓阿拉活了。今天可別怪我等無禮了！」邊罵，邊舉起棍棒要砸龍桌上的聖瓶。這時，站在一旁的下人馬上會出面好言相勸。討價還價的結果，是聖瓶被端到院中，在毒辣辣的太陽底下曝曬。過不多時，佯裝不知的族長才急沖沖地趕來，發現龍桌上沒了聖瓶，先是指著眾人破口大罵，然後跑到廟院，抱著發燙的聖瓶像雞叨米似地謝罪不停，並祈求龍王早日布雨。如果「龍王」被曬死了，族長還要請人唸「打明咒」和「百解咒」，並在下雨之後將死去的「龍王」倒入潭中，把貼在聖瓶外的咒語、符和牒等揭下，埋在龍潭附近的深土層中。據說，死去的龍王不久便會復活❻。

❻　應長裕著，〈奉化龍俗調查〉，《民間文藝季刊》，1990 年 3 期。

四、曬龍王習俗溯源

人們經常這樣認為：在祈雨儀式中，讓龍王神像受苦源於讓巫覡受苦。如龔維英先生就認為：「本世紀五十年代初期，農民抗旱，尚『烤龍王』求雨，即曝巫之遺存。」❼古有曝巫之俗我們是知道的，這一點，不但甲骨文中有明確紀錄❽，就是稍後的《山海經》中也如實地記載了這一風俗。《山海經·海外西經》所云「女丑之尸，生而十日炙殺之。在丈夫北，以右手障其面。十日居上，女丑居山之上」，講的就是曝巫習俗。為什麼祈雨一定要曝曬巫師呢？學者們解釋說：「古人認為，巫師是與神靈相通的人，而雨是由神靈掌管的，曝曬這些人，為的是讓神靈了解天下缺雨，以便恩賜給人間及時雨。」❾此言所說極是。但是，巫與龍王並無必然聯繫，說曝龍王源於遠

---

❼ 龔維英著，〈試論上古神話旱、雨神祇的演變〉，《商丘師專學報》，1988年第1期。

❽ 甲編637：「戊戌卜，烄雨？於舟烄雨？」前5,33,2：「貞：烄有從雨？貞，勿烄亡其雨。」1000：「姣烄出雨？」張秉權先生在《商代的祭祀與巫術》一文中解釋說：「卜辭从火从交，《說文》：『交，脛也，从大，象交形。』大是人的象形字，所交是象置交脛之於火上，正是焚人的會意字。」詳見《歷史語言研究所集刊》(49),1978年。

❾ 鄭杰文、陳朝暉著《方術迷信與科學》，山東人民出版社，1993年版。

古的曝巫，多少還有些牽強。那麼，曬龍王儀式究竟源於古代的怎樣一種習俗呢？筆者以為，今天的曬龍王儀式，實際上與商代的造土龍習俗關係更為密切。

在商代，人們已經意識到了龍與雨的關係，認為龍是布雨神靈，所以，甲骨文中出現了「其乍（作）龍於凡田，又雨」的記載。做土龍於田的習俗在《山海經》中也有記載。《山海經・大荒東經》說：「旱而為應龍之狀，乃得大雨。」講的就是造土龍求雨。但為什麼造土龍就能求雨？對此，前人並未深究。其實，造土龍的目的並不是出於供奉，而是想通過曝曬，讓乾渴難耐的土龍自己向老天求雨。這一點，從今天天津、武清一帶天旱時在田中造土龍曝曬而求雨的風俗中仍可見一斑。

據生活在天津、武清一帶的老人們回憶，1949 年以前，武清南子房一帶倘若天旱不雨，人們就會弄來一塊門板，用泥在上面堆出一條土龍。土龍的龍骨用葦子紮成，外面糊泥，土龍乾後，還要在它的身上貼銀箔做龍鱗狀。土龍也有角，龍角用樹枝做成，上纏色紙以為飾。以上工作都是由請來的裱糊匠完成的。土龍做好後，請四個小伙子，抬上土龍遊街，讓龍王巡視天下旱情。之後，將土龍抬到村中大坑邊曝曬。人們相信，龍王是主管布雨的神靈，只要他乾渴難挨，就會下場透雨。如果數日後仍不見雨，人們便會拳腳相加，把土龍打得遍體鱗傷，面目全非。如果下了雨，人們就會將土龍推到水坑裡，據說這叫「老龍回家」。由此我們不難猜測，古代做土龍的真正原因並不是將它作為神偶向它祈雨，而是想通過曝曬土龍的方法，讓他主動布雨。隨著唐代印度龍王信仰傳入我國，中國的布雨龍也開始由動物形象向人形轉化，於是，傳統的曬龍王儀式也由原來的曬土龍轉為曬龍王老爺的神像了。

第三節　祈雨儀式中的娱神唱戲

雨戲是專門用於酬神祈雨的戲劇形式，因其主要目的在於酬神，許多地方也稱之為「神戲」。當然，雨戲還有其他叫法，有的人從解除旱情的角度稱其為「旱戲」，有人則從其演出時間主要集中在乾旱炎熱的夏季而稱其為「熱戲」。

4–6　古戲臺，山西陽城縣北崦山白龍廟。

中國是個農業大國，農本思想雖為歷代統治者所提倡，但由於生產關係的嚴重失調，土地主要集中在極少數人手中，農民一直未能擺脫地主階級的盤剝，過著極其貧困的生活，所謂「農本」，充其量不過是國家賦稅承擔主體的代名詞。

物質生活的不足，必然導致精神生活、文化生活的匱乏。然而人們雖然不可能在繁忙的農事中抽取大量時間從事更多的與農業生產無關的文化創造，但為確保豐收，他們卻絲毫不敢怠慢保佑他們的各類神靈。在他們的觀念中，沒有了神靈，就不可能豐收；農業的豐歉，只是神靈根據人們對他們的敬重程度所做出的一種物質回報。為確保豐收以及豐收後能夠及時向神靈酬謝，一齣齣酬謝神靈的神戲就這樣出現了。

在談及中國戲劇起源時，常有幾種不同說法。但事實上，戲劇起源的主因即在酬神。從物質民俗角度看，勾欄劇場的產生，明顯起源於早期廟宇前的酬神表演；從精神民俗角度看，處於雛形狀態的戲曲文化，也多與春祈秋報的酬神謝神活動有關。在田野作業過程中，我們常常會體味到農民對於戲曲的熱愛。在傳統農業社會中，看戲幾乎成了整個農業社會唯一的娛樂方式。按著他們的理解，他們所愛，即是「神神」所愛，所以，需要求神謝神時，最好的方式就是給「神神」們唱齣酬神大戲。

農事活動的最大特點就是「應天順時」。依「天時」而做，便成了農業社會的基本律則。依此律則，農村的時序可被劃分為「農閒」與「農忙」兩大部分。為了不誤農時，農忙時，幾乎一切與農作無關的活動都被宣佈暫停；而農閒時，當人們從繁重的勞作中解放出來的時候，酬神謝神之心以及享受娛樂的私欲便會再次萌發出來，每年一度的盛大的祭神賽神活動就這樣開始了。

從古籍紀錄和當代人的田野作業筆記中可以使我們看到，許多酬神對象的神誕日，都被安排在農閒時節。例如正月十五上元節賜福天官紫微大帝的誕日；春季農忙之前的太陽真君、花神、觀音菩薩、文昌帝君、后土娘娘、東嶽大帝的神誕日；中元之後八月十五月光娘娘的神誕日，十月一日牛王爺的神誕日，臘月二十三灶王爺的神誕日，一年一度的春節以及春秋二社這兩個最大的酬神活動等等，大多被安排在農閒時節，這怕也不是一種簡單的巧合。特別是在從年尾莊稼入庫到第二年春耕之前這將近五個月的農閒時間裡，酬神娛神活動之頻繁，都有力地證明了這一點。

農閒農忙，一張一弛，對於緩解人們的生活壓力，調解人們物質需求與精神需求之間的平衡，都具有積極意義。

但是，在華北龍王信仰比較發達的一些地區，常會出現一些相反情況——越是農忙，便越要唱戲。這種反常態的演出對於一個以農為本的民族來說，似乎著實有些令人不可思議，但事實上，它正是為了迎合農業生產的需要而產生，這一需要便是農作物下種後所急需的雨水。

一、雨戲演出的節律

在中國歷史上，祀龍祈雨有定時的固定祭與不定時的臨時祭兩種。但無論哪一種，幾乎都被安排在了急需雨水的夏忙季節。如果說他們尚有所區別的話，那麼，這區別恐怕也僅僅局限於前者的時間多被固定在春旱發生機率最高的時段之前，而後者則多被臨時設置在旱災發生機率比較高的某一具體時段上，這一設置集中體現了農村社會對雨水的渴望。

㈠雨戲演出的固定時段

在華北地區有「分龍節」之說。民間傳說，一年之中，布雨的五位龍王是有分有合的。從秋收至第二年春種這段時間裡，因布雨而忙碌了一年的龍王都會潛入地下冬眠，而第二年春耕前，足睡了一冬的龍王們一覺醒來，便要按著玉皇或是老龍王的旨意，赤、黃、青、白、黑各主一路，去各自的轄區行雲布雨，習慣上民間將五龍分開的日子統稱「分龍節」。

華北地區的分龍節多安排在每年陰曆的五月二十三日。但據古籍記載，一千多年以前的分龍節是在每年陰曆的五月二十日。如《談薈》說：「五月二十日，謂之『小分龍日』。晴，分懶龍，主旱；雨，分健龍，主水。」《農政全書》亦云：「五月二十日大分龍，無雨而有雷，謂之『鎖龍門』。」為什麼會造成這種日期的不確定性呢？我想，這很可能與上古記歲方式比較粗放有關。

據考，分龍節最早當來源於更為古遠的祈雨方式——雩舞。

據史料記載，最早的祈雨方式是通過歌舞實現的。《周禮・司巫》云：「若國大旱，則帥巫而舞雩。」《論語・先進》

也說:「風乎舞雩。」他們都將「舞」與「雩」聯繫在了一起。原始舞蹈多種多樣,有人舞、皇舞、干舞等等,其中的皇舞,與祈雨關係最為密切。《周禮·舞師》云:「教皇舞,帥而舞旱暵之事。」意思是說,學習皇舞,是為了祈雨。求雨時,舞者「以羽冒覆頭上,衣飾翡翠之羽」⑩,打扮成一副翡翠鳥的模樣,振「翅」起舞。古人認為,翡翠鳥能預知雨水,頭戴翡翠鳥羽毛做成的羽冠,即是用一種巫術的方式,呼喚雷雨的到來。所以《說文解字》說:「䎘,知天將雨鳥,故舞旱暵則冠之以禱焉。」這種極具表演性質的舞蹈,從性質上說,也可視為後世祈雨唱戲的前奏。

從時間上看,兩者也應該說是彼此契合的。《左傳》云:「龍見而雨。」這裡的「龍」,不是人們通常所指的「動物」意義上的龍,而是指天上二十八星宿中由東方七宿組成的蒼龍之象。這一點《左傳》已有明確闡述:「建巳之月,蒼龍宿之體,昏見東方,萬物始盛,待雨而大,故祭天,遠為百穀祈膏雨。」

但「龍見(現)」之時,說法並不全同。《論衡》言:「二月之時,龍星始出見。出雩,祈穀雨。」《春秋考異郵》則說:「三時惟有禱禮,惟四月龍星見,始有常雩。」兩者在記錄龍宿出現的時間上並不相同。這說明龍星從出現至消失,至少經歷了三個多月的時間,這段時間正是播種前後地裡急需雨水的季節,現世將分龍節定在四月份,很可能與古代蒼龍宿

---

⑩　《樂師》注。

之體出現前後的「舞雩」習俗有關。華北民間解釋說，在這一天，原來生活在一起的五條龍都要分開，各主一方晴雨。如果這一天還不下雨，人們就會考慮是否需要唱戲祈雨。中國地大物博，各地氣候不一，地質不一，文化也具有多元性特點，因此，各地相對固定的祀龍祈雨時間也不完全相同。如山西陵川一帶數百年來，一直在六月初一和六月十三祭祀龍王，而山西陽城北崦山白龍廟廟會則被分別安排在每年的四月初三和六月初六。在民間，人們將這種固定的祈雨唱戲的日子叫「死日子」，意思是「固定的日子」。這類「死日子」多定在諸如龍王爺神誕日一類的時間段。相比較而言，這類相對固定的祈雨儀式也多被安排在旱季到來之前，他是作為一種預防乾旱的手段出現的，是一種對龍王情感的前期投入，免得「平時不燒香，臨時抱佛腳」，讓龍王老爺反感。

㈡雨戲演出的非固定時段

另一類祈雨唱戲的日子是天旱時臨時決定的。這又分兩種情況：一種是天旱時臨時決定的祈雨唱戲；另一種是先許後唱。天旱時，人們向龍王許願：「如果三日內下雨，我們就給你唱大戲。」許願就得還願，如果真的下了雨，就得唱戲謝龍王，這種戲也叫「願戲」或「還願戲」。願戲可以馬上演，也可以定在秋後。

非固定祈雨儀式多半依據莊稼對雨水的需求情況臨時決定，在時間上具有較大的偶然性。但華北地區乾旱少雨，幾乎每年都會遇到旱情，因而，這偶然之中也就帶有了某種必然因素。

當然，至於到底哪天祈雨，哪天唱戲，還有具體說道，這便是選水日、龍日，避火日、虎日。

如董仲舒《春秋繁露》中就有「春旱求雨，令縣邑以水日，令民禱社稷山川，家人祀戶」的記載。位於雲南昆明阿拉鄉的彝族撒咪支系也在每年三月的第一個龍日——辰日祈雨。祀龍的目的是求龍布雨，所以，儀式時間的選擇，最好是在龍日或是水日。當然，如遇大旱，再不下雨，莊稼就會在三五日內枯死，情急之下，也會免去擇吉必要，但規矩一定是要有的，這便是一定要避開「虎」日。這忌諱很可能來自「龍虎相剋」的傳統信仰。老百姓認為龍最不買老虎的帳，選在虎日祈雨，龍王是不會給他的死對頭——老虎的面子來拯救萬民的。在南方，人們則非常忌諱「火」日，在五行及五龍的相關分野中，南方屬火，這裡也是火龍的轄區。火龍——也就是赤龍，最不擅長布雨，所以，祈雨時人們多請黑龍、白龍，而很少請火龍布雨。

華北地區是中國最大的旱作農業區之一，它的年均降雨量僅有 555 公釐，大體相當於東北的三分之二，南方的三分之一。再加之植被破壞嚴重，河流稀少，土壤蓄水能力低下等原因，旱魔幾乎每年都要危及這裡的農業，因此，抗旱便成了這裡農業生產中的一個關鍵性難題。在常態情況下，人們圍堰、修渠，通過修造梯田等手段進行著與旱魔的抗爭，但當旱魔降臨，常態下的水利工程無法抵禦旱魔的襲擾時，祈求神靈的保佑，便會成為整個社會的共識，於是，為祈雨而演唱的神戲便在這樣一種社會背景下開場了。

二、點戲中的娛神原則

一旦決定唱戲，接下來的就是唱戲的準備工作。在華北，唱大戲幾乎是村姑野夫一年中最主要的娛樂形式。許多地方聽戲成癮，最後乾脆自編自演，成了業餘的民間藝人。在我所調查的河北省赤城縣後城鎮，就有這樣的草臺班子。他們農忙時務農，農閒時唱戲，1949 年組成生產隊後，由於領導喜歡唱戲，大隊索性組織了一個業餘劇團，有時就是農忙時，也組織排練，報酬甚至高於社員的平均薪水。

對於那些沒有戲班子的村落，一旦決定祈雨唱戲，接下來的工作就是寫戲。所謂「寫戲」，就是找戲班子訂合同，商量唱戲的事。去商談協定的人叫「寫戲的」，也叫「寫頭」。當時唱戲，不簽演出合同，與戲班子打個招呼，作個口頭協議就可以了。

在我們的調查中，演唱劇目的決定權，多半掌握在會頭——即村落中專門負責宗教及民俗事務的頭人手中，民主一點的，村民中懂戲的或有些威望的老人也有發表自己意見的權力。大家你一言我一語，事情就定下來了。但在有些地區，事情恐怕還沒有那麼簡單。

通常人們認為，唱旱戲是給龍王爺唱的，唱什麼戲，首先要聽聽龍王爺的意見。民間深信蛇就是龍王爺的化身，讓蛇點戲，也就等於讓龍王爺點戲。在河南，人們在讓龍王爺點戲時，老會首會首先將一張黃裱紙恭恭敬敬地鋪在一個樣式非常古老的木盤兒上，然後請人將一條蛇放入盤中，並將戲單擺放在蛇的面前讓蛇點戲，蛇銜著戲單上的哪齣戲點了頭，就意味著龍王爺點了哪齣戲，戲班就得虔誠地演唱。演出完畢，會首們再替神向戲班行賞⑪。

有的地方則用抓鬮的方式來決定所唱內容。在山西河曲下榆泉，六月初二是唱旱戲的死日子，人們深信天旱時，給玉皇（也有說是龍王爺）三兒子三聖爺唱戲就能下雨。下榆泉人喜歡聽晉劇，來的最多的是張金華的戲班子。這個戲班子最拿手的是〈回荊州〉、〈大報仇〉、〈長阪坡〉。唱什麼戲，不能由人挑，而是由神點，當地叫「神點戲」。具體做法是：把戲名分別寫在紙條上，然後將有字的一面朝裡，搓成一個個紙蛋蛋。然後會首把它們放在鑼裡，頂在頭上，用手胡摟一下，並從中選出若干。一般一齣戲分三天演完，每天三場，三天共九場。說神點，那是因為點戲過程中採取了某種神祕方式，將點戲的權力託付給了冥冥之中的「神神」，由他來決定演出內容。這可能是一種比較傳統的點戲方式。現在鄉民在點戲時，採取了一種更為通融的方式，這便是在神點時，有意多拿出幾個紙蛋蛋，然後在「神點」基礎上，再篩選出

⑪ 董曉萍、【美】歐達偉 R. David Arkush 著，《華北民間文化》，第 74 頁，河北教育出版社。

自己喜愛的劇目。比如九場戲一般只需抓九個鬮，但現在卻要一次抓上十五～二十個。如果其中某個劇目過短，人們可以再找一齣補上。戲選定後，將劇目寫在木牌上，廣而告之，演出的劇目就這樣決定了。

據山西師範大學曹戰梅介紹，晉中祁縣賈令鎮也有神點戲習俗。當地人認為有幾齣戲與祈雨有關，有的戲下得大，有的戲下得小，但唱什麼不能人選，只能神定。具體方式是抽籤決定，抽到什麼算什麼，偷著換了就會乾打雷不下雨。

當然，抽籤也必須嚴格遵守唱雨戲的禁忌，從內容上看，祈雨不能唱《劉全進瓜》、《大上吊》、《孤魂傳》、《斬竇娥》、《劈棺》一類悲劇，這類戲不是被斬就是上吊，唱則不吉；從劇種上看，耍孩兒的悲劇色彩很強，只能娛人，不能娛神，也不能唱。相反，《九件衣》、《明公斷》、《算糧》、《夜宿花亭》、《打宮門》、《牧羊圈》、《烏玉帶》、《穆桂英下山》等充滿喜劇色彩的小戲則是首選劇目。這樣，在抽籤之前，必須按唱雨戲的原則，將不利於布雨的劇目事先剔除乾淨，為神點做好鋪墊工作。

三、演戲中的娛神原則

其實，唱雨戲或是唱神戲，只是一個非常籠統的說法。在華北地區，雨戲被明確地分成兩個部分，一部分是純粹娛神的，這是真真正正的「神戲」，娛人功能很弱，具有明顯的娛神特點；而另一部分則是普通的大戲，這部分娛人特點明顯，既可給神看也可給人看。下面就讓我們來看看狹義的「神戲」與大戲的相互聯繫與區別。

如果一個村子的龍王廟沒有供人看戲的大戲臺，或大戲臺設在別的什麼廟，神戲與大戲便要分開唱。因為神戲是給龍王看的，所以只能在龍王廟正殿前演出。觀眾除龍王、演戲的演員及管事的會首外，一般人是不能看的。為防止有人圍觀，神戲演出常選在天剛朦朦亮的時候。神戲很短，半小時就能唱完。唱雨戲時，要起早先到龍王廟唱神戲，唱完後，再回到戲臺給老百姓唱大戲。唱神戲的地點在龍王廟，廟大就在廟裡演，廟小就在廟院演。唱雨戲前焚香燒裱拜五龍是必不可少的。廟裡有五龍王像的，就將廟門打開，面對著龍王拜；沒有五龍像的，演員只要面向五龍所在不同方位頂禮膜拜就可以。就赤城縣的後城鎮而言，他們這裡的紅龍在後頭老溝；黑龍在海棠山黑龍潭；白龍在海棠山白龍潭；黃龍在延慶團山黃龍潭；青龍則在西面。因為祈雨唱戲時如果下雨，則多半是從黑龍和白龍所在的海棠山方向起雲，所以這裡的老百姓更信奉黑龍和白龍。

如果村落中的龍王廟有戲臺，則演出方式從簡：在大戲開場之前先唱神戲，神戲過後，大戲也就隨之開場了。按規矩，神戲唱後才能唱大戲，次序不能顛倒。唱戲分三天，第一天和第三天（末唱）都沒有神戲，第二天是正唱，才有神戲，有的地方則是第一天唱神戲。唱大戲時，雖然人可以看，但因為主要是給龍王演的，所以屆時還要將龍王抬來。無論在什麼地方，唱雨戲時，一定要本著先娛神後娛人的原則先唱神戲，這叫「神戲頂臺」，是一種既省時又省力的變通方法。

在延慶，唱旱戲都要先謝神。頭一天請神時，當眾殺一隻公雞，在臺子上轉一遭，用雞血淋臺，這叫「烘臺子」。

給龍王唱戲有時也殺牲，通常是人家許了什麼就殺什麼。一般以殺羊為多。殺牲時先上香後稟牲，稟牲後，羊就交給戲班子打牙祭了。

唱雨戲時，開場前要把五位龍王請來，放在正殿的神臺上，在前面燒香擺供，敬神之後才能開戲。在華北民間，龍王廟中的龍王像多有坐府龍王與出府龍王之別，坐府龍王太大，不宜出行；出來看戲的多半是個頭較小的出府龍王，但如果廟中沒有出府龍王，則只能將平時放在廟中的龍王牌位請到戲臺對面的神亭。

在華北地區，古戲臺都搭建在廟宇的對面，這種建築模式集中體現了中國古代以戲娛神為主的指導原則。但是，如果廟院太小，沒地方搭建戲臺，一般的村落則在村中大戲臺對面搭建一個小神亭，專門用於請神看戲。山西民間有個用於打岔的笑話，問:「到哪兒聽戲?」對曰:「神亭對面!」意思是說，有神亭必有戲臺，神亭就在戲臺對面。對於沒有神亭的小山村，在戲臺對面用青葉柴火搭個神棚，放上「神神」就可以了。總之，以娛神為主，是神戲的基本特徵。

也有許多老人認為，龍王廟只是龍王爺享供的地方，這裡有的只是龍王爺的牌位而不是龍王爺的真身，他的真身潛伏在他所居住的龍潭，所以真正請龍時，要帶上香、裱、供，到很遠的龍潭請龍王前來瞧戲。在河北赤城董家溝，在請龍王時要拿著龍王碼，龍王碼是用黃裱紙寫的，形狀、大小與牌位相仿，上面寫著「供奉龍王之神位」。到龍潭後，將龍王碼放在龍潭旁，回來時再拿回，證明是請回來了。回來後，將龍王碼放在黑白兩尊龍王的中間，一同抬到戲臺對面，意思是讓他回來瞧戲。戲散了，再將龍王碼送回龍潭。到那兒再上香升裱，並說：「戲演完了，把你送回來了，你該回潭了！」這是一個基本程式，有一次送碼的人說送沒有送，等於「糊弄」了龍王。村民至今認為當年的乾旱與這件事有關。

當然，也有龍王老爺不請自到的時候。據山西河曲縣下榆泉村張富歧老人回憶，1982 年 5 月 18 日唱旱戲，戲臺的梁上就來了一條白蛇。人們都說這是龍王老爺來聽戲了。這天下午四點多唱的戲，五點多就下起雨來，把看戲的都澆跑了。劇團團長說：「你看，雨下得這麼大，人都跑光了，我看今天就演到這兒吧。」張富歧當時就對他說：「咱唱旱戲是給龍王爺唱的，是為祈雨，不是給老百姓唱的，不管雨下得有多大，有人看沒人看，都要好好演，絕不能湊合。」就這樣，戲一直唱到半夜。歷史上我們常常談到戲曲的娛樂功能，其實，我們這裡所談的戲曲藝術已經開始了由娛神向娛人方向的轉化，推之久遠，就會發現，戲曲的最初動機遠不是娛人，而是娛神，它是想通過民眾喜聞樂見的形式，討好龍王，求得風調雨順。

四、雨戲與性別禁忌

唱雨戲的一般是男性，但因為雨戲的主人公八仙人中也有女性，所以應有女性出演，但結了婚的媳婦是絕對不能上臺的，人們認為結了婚的女子唱祈雨戲不但不會靈驗，有時還會幫倒忙，上臺的只能是未婚少女。鄉下人對這種事非常關注，從寫戲開始，到演出結束，人們最關注的就是女演員是不是處子，演戲過程中是否有人從中調包兒。如果真是如此，劇團非但分文不得，而且很可能還會被棒打出村，至於因女演員出場而下了冰蛋蛋（冰雹），打壞了莊稼，後果更是難以設想。據山西河曲下榆泉的張富歧老人回憶，每年六月初二下榆泉唱旱戲時，照例戲班子的班主張金華是不允許出場的，理由只有一個——她是女的。這樣一來，這齣戲只能叫男人唱。記得有一年六月初二唱旱戲，張金華並沒有上場，結果還是下了場冰蛋蛋，把莊稼打了。有人說儘管那天張金華沒上場，但她就在附近，肯定就是她沖的。人們對此深信不疑。唱旱戲是比較忌諱女人的，人們認為女人半個月乾淨，半個月不乾淨，更何況當時張金華還懷有幾個月的身孕，更是大大的不吉，惹怒了老天爺，懲罰了他們。

但社會畢竟是由大致均等的男女兩部分組成，反映社會生活的民間戲曲演出如果沒有女人參加，其真實性也就不能不大打折扣。為了解決這個問題，引來了中國戲曲史上的一大奇觀——男扮女妝現象的呱呱墜地。

在談及男扮女妝現象產生的原因時，一般學者都解釋為清前期由於八旗子弟成天迷戀優伶，讓女伶陪酒陪睡，引起家庭不和，皇帝這才下令取消女伶，讓她們從良嫁人，從而造成男扮女妝這樣一種畸形社會現象的產生，並一直持續到清後期。筆者以為，這只是問題的一個方面，因怕女伶玷汙了神戲戲臺，很可能才是導致這種怪異現象產生的終極原因。

嚴格來講，儘管雨戲具有娛人作用，但究其實質，則在娛神。這也是貧困潦倒的農民，在面臨顆粒無收的旱災面前，為什麼會義無反顧地掏出自己為數不多的積蓄請人唱戲的最根本的原因之一。正因如此，雨戲才有了濃厚的宗教色彩，濃厚的禁忌氛圍，叫人不敢做出絲毫的違規行為。對臺上的演員是這樣，對臺下的觀眾也是這樣。

在一些地方，女人是不能看雨戲的，這可能與整個祈雨過程都不允許女人參加的古老習俗有關。在山東、河南、山西，祈雨活動大多是男人的專利，女人很少介入。當然祈雨活動並不排除兩種女人——兩種在文化邏輯上算不上「女人」的女人——少女和寡婦，在人們看來，這些天癸未至或已經停經的女子是「乾淨的」，在女人中只有這兩種至陰至純的、最乾淨的女人，在一般的場合才可以與男人一道祈求天雨，這似乎已經成為近代華北地區祈雨活動的一個特點。在我們調查過的絕大多數社區，祈雨過程中龍王廟始終都是女人的禁地。我在河北赤城董家溝進行祈雨調查時，老爺廟（董家溝只有這麼一座廟，他們的兩位龍王爺——黑龍和白龍就供在這裡）裡男人們人來人往，熱鬧非凡，但沒有一個女人進去。為了能得到救命的雨水，女人們都嚴格遵守著這樣的禁忌，而唱雨戲的地點多半選在龍王廟，所以，這也就從根本杜絕了女人進入的可能。

當然，隨著社會的發展，許多古老禁忌也在淡化，為了迎合世俗需要，許多廟院裡的古戲臺也都慢慢地遷到了山門以外，這看似不大的變遷，卻反映了時代的變化，反映了雨戲從娛神到娛人功能性變化。這小小的變化，也使女人看雨戲從不可能走向可能。女人不能看雨戲的古老禁忌在世俗的喝彩聲中隨之動搖。當然，這時女人看戲也是有條件的，條件之一，就是看戲時必須與男人保持一定距離，這其中雖不乏歧視色彩，但對於看慣了白眼的女人們來說，已經是求之不得的了。

在山西晉城郭壁村，看戲時男女一定要分開——女人看戲時拿來小凳，坐在後面的臺階上看，男人則站在前面，這時觀眾的主體是十分明確的。

據曹戰梅調查，陽高縣西團堡村、平陸縣東延村四〇年代唱戲時，還保持著中間用木板將男女隔開的傳統。

在山西河曲縣的下榆泉，唱回馬戲、唱旱戲時，原來也不叫女人看，女人只能偷著看；後來女人可以看了，但劇場中間要用一條繩子將男女分開。有人解釋說女人騷，一演粉戲（色情戲）就熬不住，容易壞了祈雨的大事，所以必須分開。當然這只是一種極表相的解釋。

在山西陽城縣下交村這個歷史上名人輩出、文教色彩相當濃厚的地方，婦女看戲被安排在了小樓第二層的看臺上。

總之，無論何地，民間祀神演戲的一個最基本的禁忌，就是嚴禁男女雜處。

為什麼給龍王老爺唱戲就會下雨？延慶下營老人們的解釋是，因為女人不乾淨，龍王愛乾淨，她們看過戲，弄汙了「劇場」，龍王就得下場大雨把戲臺上下沖刷乾淨。

看戲時將男女分開是一種相當普遍的社會現象，在《點石齋畫報》登載的一幅題為〈清代農村廟會演劇〉的風情畫中，男女觀眾便是被分開看戲的。

唱雨戲的頭一天叫起唱，二人抬、道情等戲曲形式都可以唱，這些小戲中葷的內容比較多。譬如二人抬中的《聽房吃醋》、《扇子計》、《二姑娘得病》、《要女婿》、《十八摸》、《公公騷媳婦》，道情中的《雙驢頭》、《王二小趕集》等都是有名的粉戲。

第二天是正場，神戲唱完後，開始唱大戲。因為這一天是給龍王老爺唱戲的正日子，二人抬等葷戲較多的戲曲品種是絕對不能唱的。這一天唱的主要是文戲，如《春草闖堂》、《打金枝》、《呂布戲貂蟬》等等。另外，道情中的敬神戲可以唱，梁山戲如《高文舉夜宿花亭》、《三娘教子》等也可以唱，不一定非得是敬神戲，只要內容健康就行。在下榆泉，唱旱戲、回馬戲等與祈雨有關的雨戲時也不能唱葷戲。但四月二十八的三聖爺古廟會則可以隨便唱。在延慶下營，雨戲中也沒有粉戲內容，但唱秋戲或唱過年戲的時候，粉戲的內容就比較多了。

另外，唱雨戲時不能吃葷，有的地方甚至連蔥、薑、蒜一類的五葷也在禁止之列。這種做法很可能與古代神事活動中的禁慾傳統有關。總之，雨戲所特有的莊嚴主題，必然會導致雨戲自身的神聖性和看戲禁忌的不可抗拒性。

五、雨戲的基本模式

雨戲是給雨神龍王唱的，人無法擔此演出重任，能夠擔此重任的，只有神仙，而這神仙就是我們常說的「八仙人」。「八仙」一詞始於東漢三國，此後又有晉代的「淮南八仙」、「蜀中八仙」、唐代的「酒中八仙」之說，他們均各有所指，與現在我們所說的八仙全無關係。今天我們所說的八仙諸公的大名始見唐宋，但真正湊成一個八人班子還是在元代。不

4–7　八仙人

過，當時的八仙與現在的八仙在人員上尚小有出入，直至明代吳元泰寫了《八仙出處東遊記》，才首次確定下今天八仙人的名分。由此推斷，以八仙為主體的神戲，估計不會早於明。據赤城戲班演員閻鳳玉的女兒回憶，在赤城唱神戲的共有八個人，他們的扮相就是仙話中的八仙。八仙中只有扮演何仙姑的是個女的，按規矩，這個角色必須由未婚處女扮演，否則，龍王會因女子的不潔而動怒。

一般的神戲不是唱而是說。神戲開場時，先用嗩吶奏過場，天官曹國舅上場，道：

斗大黃金印，天高白玉堂。
未讀書萬卷，也能見君王。

話畢，伴鑼鼓下，鑼鼓聲中漢鍾離上：

黑雲起，白雲散，老龍興雨在中間。
一年四季龍興雨，五穀豐登慶豐年。

接下來，呂洞賓上：

眼觀南山一清泉，青石板兒蓋得嚴。
有人用了泉中水，不成佛來便成仙。

依此類推，四位主角依次上場，唱誦一番，但何仙姑、張果老、韓湘子等四個配角並不說話。等這幾位說完，大家一起上場，作三個揖，神戲即告結束。神戲屬鑼鼓雜劇，無絲弦，只有鑼鼓伴奏，前半句「說」，後半句「拖」，拖腔時鑼鼓跟上，整個表演有點像民間說唱中的「三句半」。

在山西陽城，給北崦山白龍爺唱雨戲時，每個八仙人手持兩朵硬紙殼做的雲，做雲霧繚繞狀，故雨戲也叫「堆八仙」。

雨戲的內容大致相同，但表演形式並不完全一致。譬如說，晉劇與河北梆子中都有雨戲，但劇種的不同常常會導致音樂的不同和說唱形式上的區別。如赤城雲州鄉的雨戲以唱為主，演出時，每個人依次邁著臺步走上，唱四句，作揖退下，依此類推。這與赤城縣後城鎮以說為主的雨戲是有區別的。當然，就是同在以說為主的八仙戲中，表演程式仍有區別。

總之，神戲大多以八仙人為主體，通過八仙之口，表達世人對龍王的崇敬和對龍王恩雨的渴望。但在某些地區，神戲也常常夾雜著某些與祈雨有關的賽戲內容。

賽戲也叫禮神戲，賽戲中，與祈雨驅旱有關的主要劇目叫《斬旱魃》。

旱魃是中國神話中的乾旱製造者，斬旱魃就是要斬除旱魔，趕走旱災。人們希求通過這種戲劇表演方式，實現戰勝乾旱的強烈願望。這類小戲沒有絲弦伴奏，只有鑼鼓相隨，所以又叫「說唱鑼鼓」。《斬旱魃》的劇情極為簡單，劇中旱魃的扮演者，頭上反戴著祈雨時被殺掉的那隻羯羊的羊肚上場，一陣武打表演過後，人們將旱魃從臺上趕至臺下，又從臺下趕到街上，在追趕過程中，旱魃的扮演者在街上見到什麼都可以搶來吃，吃得越多賣主越高興，沒有被搶的人家反倒覺得不快。最後，旱魃又被追趕到臺上，眾人將他團團圍住，最後用鍘刀一「斬」了之。這種演員與觀眾互動式的表演方式，在中國戲劇史上並不多見，反映出中國早期戲曲中的儺文化傾向。

旱魃的扮演者是男性，穿不繡花的黑色道袍，是個丑角。歷史上，戲子本來就是所謂的「下九流」，而在這下九流中，唱神戲、賽戲，特別是扮演諸如旱魃一類妖魔形象的演員更是低人一頭，女的嫁不出，男的娶不進，人稱「忘八」。「忘八」的意思是說，這些人已經忘記了孝、悌、忠、信、禮、義、廉、恥這八個大字，因此備受歧視。

據介紹，在山西上黨地區有名的三國隊戲《過五關》中，也保持著演出場所不確定性的表演模式。扮演關羽，甘、糜二夫人及部下將的諸人，或騎馬或乘車，一路演來。每至一「關」，便躍上舞臺，與敵將廝殺一番，然後再驅車乘馬直奔下一個關口，直至過完五關，斬罷六將，表演才告結束。一路上，「關羽」還可以隨意與觀眾談笑，甚至取食街上攤販的食物。在這裡，生活與藝術已經融為一體。這齣隊戲劇目在山西潞城發現的明代戲曲文獻《禮節傳簿》中尚有保留，說明至少在明代，這種表演模式還在流傳⓬。

旱魃戲功能專一，只用於祈雨和謝雨，這一點與其他戲曲形式是不同的。

六、戲錢的收斂原則

通過田野作業可以使我們得知，傳統大戲幾乎沒有一齣是以娛人的名義出現的，人們組織的每場大戲，幾乎都是以給「神神」過誕或是感謝神恩的名義請戲班子搭臺唱戲，因此，在籌集戲款時，也多半打著感謝神恩的名義。這樣一來，一方面人們通過看戲過足了戲癮，滿足了私欲，另一方面通過唱戲也酬謝了救人水火的「神神」，善良的人們在心靈上總算得到了某種寬慰。在老百姓的心靈世界，知恩不報是最容易受到譴責的行為，民間口承文藝中以此為母題的作品數不勝數。由於一舉雙得，所以，只要家庭生活尚能維持，幾乎沒人不出這筆份子錢。當然，作為一種社會現象，人們也普遍遵行著某些既定的行為原則。受益回報原則就是其中最重要的一例。

受益回報原則是戲款籌集過程中人們所共同遵守的一個十分重要的原則，它的核心便是誰受益誰出錢。這一方面當然也不排除看戲本身也是一種受益形式，凡是看戲者，均應交納看戲的費用，但更主要的還是此次唱戲，請的是哪方「神神」，誰將成為神恩的最大受益者。比如說，在山西河曲縣坪

⑫ 詳見黃竹三〈我國戲曲史料的重大發現——山西潞城明代「禮節傳簿」考述〉，《中國戲曲》第 3 輯，山西人民出版社。

泉村，民間唱小戲有幾個「死日子」，他們分別是三月十六、四月初七和七月的某日。出錢也有一定規矩：三月十六是蔡倫生日，坪泉人之所以能將這麼個窮鄉僻壤與蔡倫聯繫起來，是因為歷史上坪泉是個遠近聞名的造紙之鄉。據當地老鄉介紹，山西、內蒙一帶，1949 年以前幾乎都使用過河曲，特別是坪泉造的紙，這是河曲人一直引以為豪的一件事。在縣誌上，口碑中，經常能聽到或看到人們說起它。為了紀念自己的行業祖先，也為了能使自己的紙造得更好，人們除了不忘日常祭祀外，還特定三月十六日為蔡倫誕日。在這天，除了有一套較為完整的祭祀儀式之外，最大、最具代表性，也最具群眾性的祀神活動恐怕就是唱戲了。因為這天紀念的是造紙業祖師爺蔡倫，唱戲的全部經費自然由財大氣粗的造紙作坊的老闆們支付。四月七日也是個唱大戲的日子，但這天的戲錢則由農戶分攤。這是因為這一天是土地神的誕日，祭祀土地，得益的將是這裡的所有農戶。

受益回報原則的另一個標誌是它的地域性，強調的是受益區域即是出資區域的原則。需要強調的是，這裡的受益區域並不是指那些看到大戲的人所在的區域，而是指因唱戲娛神而得到了「實際」好處的區域。打個比方來說，唱戲祈雨有時是以村落為單位進行的，有時則是以村落集合體——「社」或「馬道」為單位進行的。天旱得不太厲害，舉行小規模祈雨活動，多以村落為單位進行，祈雨的目的當然也是服務本村，這時唱戲的全部費用理應由本村擔負；但倘若老天大旱，各村落聯合起來，以諸「社」或諸「馬道」為單位共同祈雨唱戲，則唱戲費用理應由諸「社」或諸「馬道」共同承擔。從表層來看，分散在五、六十平方公里範圍內的絕大多數民眾，不可能披星戴月走幾十里的山路從遙遠的地方前來看戲，從這點上說，他們並不是事實上的受益者，但他們也必須要掏出一份看戲的份子錢。因為從深層意義上講，唱雨戲不是給人演，而是給神看。為了解除旱情，為了使「神神」能為之動容，並得到可貴的雨水，他們情願掏出這份份子錢。對此，老百姓心領神會，他們心裡明白，掏這份錢是值得的。在祈雨調查中，我們常常能聽到這樣的說法，那次是我們五村四社三十六馬道一起祈的雨，結果我們五村四社三十六馬道整整下了三天的透雨。言外之意是說，誰出錢，誰唱戲，誰就會得到應有的回報，至於五村四社三十六馬道之外是否下了雨，他們並不關心。因為關心的結果絕不排除有動搖他們信念的可能。如果你一定要用事實和他爭辯，說下雨和唱戲無關，其結果只能是招致一頓臭罵。

像這種出錢看不上戲的例子很多，據延慶縣姚家營村民郭維新介紹，他們那兒的老龍廟唱廟會就是七十二個半村子⑬出錢，其實真正能看上戲的也就是那麼幾個村子，但是交錢看不上戲的人也深信：只要交了錢，下雨時他們都能得到一份來自龍王老爺的恩惠。

在中國農村，唱戲已經成為人們媚神賄神的有效手段。

---

⑬ 所謂半個，是指下營。當時下營一半歸懷來，一半歸延慶。

人們乞求神靈護佑時，許下的最大心願，就是只要下雨，他們就一定給「神神」唱戲。祈雨祈晴，祈子祈女，無不如此。在他們看來，唱戲與得雨具有著明顯的因果關係。出資唱戲所得到的實際利益，遠非「眼福」二字所能概括。

在許多農民的心目中，祈雨唱戲所投入的資金與所獲回報的投入產出比相等，即誰出錢誰受益，誰出得多誰受益也多。因此，一旦自己家的田地旱得厲害，人們便會主動掏出更多的錢來買「好」。但在更多的情況下，人們還是依據公平公正的原則，來募集唱戲善款。所謂公平公正，莫過於以人頭稅的方式徵得善款，但更多的人則認為這樣做並不公平。唱戲的目的在於祈雨，對於沒有土地或土地不多的農民來說，交付的戲錢與土地所有者——大地主一樣多，這顯然有礙公允。所以在華北地區，人們使用最多的方式，還是以牛犋為單位掏看雨戲的份子錢。

所謂「牛犋」，就是指由兩頭牛一副犁配成的一套耕作系統。從表面來看，評估標準所看重的似乎只是兩頭牛和一副犁的價值，但實際上他所依據的則是一家一戶對土地的持有量，因為一個人的牛犋持有量應該和自己土地持有量大體相等，而土地的持有量又應該和他土地的需水量大體相等。因此，誰的牛犋多，誰出的份子錢也應該多。拿老百姓的話說就是：「他的地多，用的雨水多，給龍王唱戲出的錢也應該比別人多。」

這種以牛犋為出資依據的集資方式，在山西很盛行，從經濟層面上講，實際上也是一次經濟收入方面的再分配。在民間，與村政相比，民俗活動之所以具有更多的影響力和感召力，我想與它充滿東方式的人情倫理不無關係，這與負責徵兵、拉夫、逼租的村政行為是完全不同的。人們常說「會首好當，村長難做」，講的就是這個道理。

戲班子在寫戲時也要考慮到雙方各自的接受能力，付酬原則也具有一定的靈活性。一般的情況是：有錢的大村多出點，沒錢的小村少付點。戲班子也多以讓利不讓市場為原則。

除了募集資金的合理性之外，社會輿論的壓力也是順利籌得善款的一個重要原因。隔路雨是一種常見的自然現象，但當地的老鄉卻把這種自然現象上升到了意識形態的高度：「你看，那年祈雨唱戲，他死活不願出這份錢，結果怎樣？人家出錢的這塊地，下得大雨瓢潑，再看看他那塊地，連地皮都沒濕，報應呀，報應！」好事不出門，壞事傳千里。這種事在傳統農業社會中就像長上了翅膀的鳥兒一樣，用不了多久就能傳遍附近的村村寨寨，叫你一輩子抬不起頭來。

1949 年以後，龍潭取水等巫術色彩較濃的祈雨方式被嚴令禁止，但與其殊途同歸的雨戲，卻因其既能娛人又能娛神的功能而被巧妙地保留下來。集體所有制的特有體制也使雨戲善款的出處有了著落。在我們所調查的絕大多數社區，1949 年以後的唱戲善款主要是通過生產隊或生產大隊統一付款的方式實現的。但生產承包制確定後，隨著生產隊的解體，出資方式也發生了變化。除按人頭攤派外，甚至還出現了由個人與劇團砍價，再由包戲人出面籌資的新型融資方式——「包戲」。然而，隨著人們對雨戲宗教意義的淡漠和影視文藝對地方戲曲的衝擊，人們在價值觀上發生了根本性的變化。除少數人天旱時仍主張祈雨唱戲外，絕大多數人對此已經提出異議，善款已經很難籌集，就連雨戲之鄉河北省赤城縣的後城鎮，近年來也很難許成雨戲，天旱時，至多也只能給「神神」們許下個「滿堂大供」的夙願。

第四節　取水儀式的分類與民間信仰

一、取水儀式的三種類型

在民間信仰中，龍王廟是擺放龍王牌位的重要場所，也是旱情初發時人們進行旱禱的所在。即使旱禱不成，人們不得不去遠方取水，回來後，也一定要將取來的水安置在本村的龍王廟。可以說，這裡既是祈雨活動的司令部，也是取水歸來後「鋪雲」、「發雨」的唯一場所。這一切都說明龍王廟與祈雨活動的關係是極為密切的。但從另一方面看，在傳統觀念中，龍王廟又只是人們置放龍王牌位的地方，而龍王的真身則藏匿在較遠的山間龍潭或山洞中，因此，一旦旱禱失敗，人們就不能不到真龍的寓所——龍潭、龍洞，向龍王的真身祈雨了。

在取水聖地可選擇餘地較大的社區，取水地的選擇常常令當事人左右為難。通常的做法是輪流或憑藉神算。山西省陽城縣河北鎮有個下交村，在它的周圍有三個著名的取水聖地，一個是位於村東五十里的析城山聖王坪，一個是北崦山白龍廟，還有一個則是河北鎮的玉皇廟。這三個地方每年只能選中一處，三年輪一次。去上述三個地方取水時，取水數量並不一致。去聖王坪時取水八瓶，去河北鎮玉皇廟時取水五瓶，去北崦山時則取水三瓶。這三個地方所祀神靈也不同，析城山祭的是湯帝，北崦山祭的是白龍爺，而河北鎮玉皇廟祭的則是玉皇大帝。這三個地方是下交村輪流取水的地方，如果這三個地方不靈，村民們還會採取其他方式繼續求雨。

與下交村相比，絕大多數社區都有一個非常固定的取水地。取水地有時是幾個村落共用，有時則是某個村落獨占，但無論是哪一種情況，這些村落都承認這裡才是本村龍王的真身所在。因本村龍王不靈而去別村取水地取水的情況是相當少見的，這說明在華北地區龍王信仰中，人們所信奉的龍王具有明顯的地域性特徵。

民間的取水地有遠有近。近的離村子只有一、二里；遠的算起來則要上百里，最遠的甚至會達到三、四百里，但一般多以五、六十里的居多。取水所用時間一般都在一、兩天或兩、三天左右的路程——這也是人們頭頂烈日，在驕陽似火的夏季，赤腳徒步行走之忍耐力的上限。取水地的選擇有多種因素，但取水者所能承受的身體極限，肯定是其中的重要因素之一。以前，我們曾因此一度認為龍王只有遠處的靈，其實這是個誤解。祈雨時人們之所以捨棄本村龍王廟，而去百里之遙的龍潭祈雨，並不是因為本村龍王不靈，而是因為本村龍王的真身不在本村龍王廟，而在百里之外的龍潭。

我們可以根據取水地的不同，將取水儀式分為以下三種類型：

㈠龍潭取水型祈雨儀式

打開中國縣級地圖人們就會發現，在中國的許多地區都有以龍潭命名的習慣。中國龍分五色，龍潭自然也都分別冠以五龍的名字。與「現實」生活中黑龍、白龍、青龍多而黃龍、紅龍少一樣，地名中黑龍潭、白龍潭、青龍潭也比較多，而以紅龍潭、黃龍潭命名者則比較少。

龍潭古代又稱「龍湫」或「湫」，俗話說：「山不在高，有仙則靈；水不在深，有龍則靈。」由於龍潭有「龍」，這裡的水自然也就沾上了神性。人們相信這龍潭裡的水可以以一當十，甚至以一當百，只要從這裡取走一點點水（老百姓自己有著非常精確的量化考核標準），回去後通過「鋪雲」、「布雨」，就能帶來足夠的雨水，甚至還可以通過遊雨的方式，將雨水帶到更加缺水的地區。據史料記載，去龍潭祀龍祈雨，是古代最常用的祈雨方式之一，宋·歐陽修所作〈百子坑賽龍詩〉，描寫的就是宋代民間在龍潭祀龍祈雨的場景。

在延慶前廟，人們認為供在他們村黑龍廟的老黑爺子才是他們村的守土龍王，人們平時燒香進供，都在本村龍王廟進行，但倘若一旦發生大旱，人們旱禱三天仍不靈驗，就會敲鑼打鼓到八十里開外的大海坨黑龍潭，向黑龍爺的真身求雨。

去黑龍潭求雨，通常要帶上一隻公雞。到了潭邊，香火過後，人們便將雞和帶來的喜字包子一道投入潭中，雞進去後，過不了多久便會有雞毛浮出。人們說，這是叫老黑爺給吃了。取水時，用一個一、兩丈長的紅頭繩繫住罈子，由兩個屬龍的把罈子扔進潭中，然後手持紅頭繩等著，灌不滿不能往回拉。跪在潭邊的眾人一邊叩頭，一邊央告龍王，讓他為大夥多灌點水。

河北赤城縣董家溝人祈雨是到當地的白龍潭。到達後先洗臉、漱口，把廟裡廟外打掃乾淨，然後再把自己剛剛帶來的龍王爺恭恭敬敬地擺放在白龍潭旁的廟裡，上香燒裱。儀式結束後，眾人才能回到潭邊，跪著向龍王的真身求雨。董家溝的傳統供品是小饅頭，八個一盤，五盤，共四十個。但一般都要多帶上一些，因為除上供外，還要往潭裡扔些，供龍王的真身食用。這裡的取水方式比較特別：先是將一個高約 15 公分的小酒壺夾在兩個五尺⑭中間，用繩繫牢後，再將酒壺的壺口用蒿葉塞嚴，然後壺口朝上輕輕平推入水。五尺是木頭做的，很輕，酒壺又小，所以壺口一直露在水面上。

---

⑭ 一種祈雨時專門用於量雨的五尺長的木尺。這種器物也經常出現在華北地區龍王廟的壁畫中。如在朔州肖西河底村龍王廟壁畫上，天師手中所持之物，就是兩根五尺。

4-8　中間二人手中所持的便是五尺，河北赤城縣董家溝村。

五尺的一端繫有一條很長的紅頭繩，將五尺推入潭中後，一個人要用手拉住紅頭繩，過一段時間（一個小時左右），再將五尺穩穩拉回，看看壺中是否有水。在這個過程中，大家一邊往水裡投饅頭，一邊還要對著龍潭說好話，乞求龍王賜雨。這期間，所有的人都一直跪著，誰也不能起來、倒下或是坐下，更不能抽煙。取水的壺口很小，肉眼很難看到裡面是否有水，唯一的方法就是將一根香探入瓶底，如果香頭濕了，就說明已經取到了水。習慣上，人們在取水的數量上是有嚴格界定的，一般以三分為宜，多了就會澇，少了就會旱。但到了需要到龍潭取水的程度，旱得肯定不輕，這時人們寧可矯枉過正，多取一點。調查中，聽很多人說，壺口露在水面上的酒壺，之所以能很快被水灌滿，是因為小魚在搶食饅頭時，掮動的尾巴將水珠揮入壺中，但會首否定了這一點。一般在取到七分水後，就可以將壺取出，取出後，用柳葉將瓶口堵上，再用紅幔包好，由屬龍的背在背上，大家就可以抬上龍王，敲鑼打鼓原路返回了。

㈡山洞取水型祈雨儀式

在有龍潭的地方，龍潭取水是一種比較常見的取水方式，但在乾旱少雨的晉、陝、甘、寧地區，這類水源自然是比較少見的，這時人們取水的去處多半是一些被稱為「龍洞」的山洞。當地民間傳說認為，本地的守土龍王就居住在那裡。

到龍洞取水的祈雨方式古已有之。據《搜神記》記載，早在魏晉時期，華北地區就已經出現了到龍洞禱雨的習俗⑮，此後，這一風俗也出現在了南方，《搜神後記》就記載了這樣一則傳說：「武昌虬山有龍穴，居人每見神虬飛翔出入。歲旱禱之即雨。」可見，到龍洞禱雨的祈雨方式在中國至少已經傳承了近 1600 年。這是一種乾旱少雨地區較為常見的祈雨方式。

按習慣，山西柳林明家墕一般到木福臺取水，木福臺位

---

⑮ 干寶《搜神記》卷二十：「晉魏郡亢旱，農夫禱於龍洞，得雨，將祭謝之。孫登見曰：『此病龍雨，安能蘇禾稼乎？如弗信，請嗅之。』水果腥穢。龍時背生大疽，聞登言，變為一翁，求治，曰：『疾痊當有報。』不數日，見大石中裂開一井，其水湛然，龍蓋穿此井以報也。」

於中陽縣境，那裡有個石洞，洞頂有石乳，水從上面緩緩滴下，人們就在下面接「雨」，由於水在上面的石壁上是滾動的，再加之能接水的地方十分狹窄，因此，要想接到水事實上是很難的。

取水時，人們一面燒裱，一邊舉著瓶子往上湊，每接到一滴，人們就會興奮地喊道：「祈起一分了，祈起一分了！」接到第二滴時人們又接著喊：「祈起二分了！」在人們的祈雨計量單位中，一滴就是一分水，一共祈十滴，十滴代表著十分的飽雨。

山西柳林下嵋芝鄉祈雨去仙明洞，傳說仙明洞的娘娘修仙，把附近這一帶修成了一條龍。下嵋芝和明家墕各是一隻前爪，金家莊是龍尾。南蠻子看破了機關，就在金家莊的龍尾處和下嵋芝的龍嘴處各修了一座廟，把龍給鎮住了。娘娘一生氣，跑到仙明洞管雨去了。下嵋芝人認為他們這兒祈雨之所以靈驗，是因為仙明娘娘是下嵋芝的姑娘，下嵋芝是娘娘的娘家。天旱，別的地方祈不下雨來，仙明洞下的段家莊就會託人帶信兒讓下嵋芝的娘家人祈雨，大家也好借光。

在下嵋芝，天旱不雨時，人們首先想到的也是旱禱，旱禱不應，糾首主人家才會核計著找上五個人去仙明洞祈雨。前去祈雨者忌煙、忌酒、忌肉，不能在家睡覺，更不能見女人家，這些禁忌在出發的前一天就得遵守。

出發前，糾首主人家先領著五個祈雨的跪廟，他們要帶上龍旗、虎旗。以前的龍旗、虎旗上面是帶圖的，現在的只有

「青龍旗」、「飛虎旗」六個大字。除「青龍旗」、「飛虎旗」之外，他們還要帶上祈雨用的香、裱、燈油，吃的麵以及取水用的雨瓶。雨瓶不大，只有五寸高。洞中狹窄，大了放不進去。出發時，雨瓶是用紅布包著的，接到雨後再用東西塞上。

4–9　祈雨用的龍虎旗，山西柳林縣下嵋芝村。

跪廟時雙膝跪地，燒香，叩三個頭，然後每人跪一炷香。跪畢，接下來的是每戶跪一炷香，且不能間斷，一直跪到祈雨者回來。出發時還要舉行一個儀式。屆時，村民將裝有小黑龍的樓轎⑯抬到對面的高山上，向仙明娘娘所在方向拜上一拜，然後四個人抬起樓轎，快速跑過去，拜一下，退回，再拜，連續三次。這是一種抬轎時的磕頭方式。在舉行儀式過程中，去祈雨的五個人一直朝仙明娘娘的方向跪著。

祈雨人出發了。留在村裡的人不能洗衣服，更不能大哭

⑯　樓轎是用木頭做的抬龍用的木轎，高度有一公尺半。

小叫。男人們頭戴柳圈，聚集在廟院裡敲鑼打鼓，不停地央告道：「龍王老爺下了吧，清風細雨救萬民。」而以戶為單位的跪香，也在糾首主人家的監督下有序進行。在下嵋芝，龍王牌位不跟著取水，同去的只有仙明娘娘的牌位，據說這是因為「娘家人」好辦事的緣故。

4–10　抬龍王用的樓轎，山西柳林縣下嵋芝村。

山西柳林下嵋芝村的取水地仙明洞在八十里開外的段家莊，路上需要一天時間。到達段家莊後，先與村裡的糾首主人家接上頭，安排好住處。段家莊人則將本村的龍王廟打掃得乾乾淨淨，配合祈雨。吃了飯，就睡下，第二天雞叫頭遍就起床做飯。吃的方面很講究，不能抽煙、喝酒、吃肉，蔥、韭、蒜和當地一種叫「葥芒」的辛辣植物也在禁食之列。因為祈雨這天只能吃上一頓飯，所以必須吃飽。飯是用自己帶來的麵烙成的餅，一共要烙十幾斤，還要帶十幾斤的水。雞叫三遍，人們起身上洞。從下嵋芝共來五人，再加上從段家莊雇來的引洞人一共六個。

山洞離村子有四、五里路，從洞口下去，那裡有個洞，洞裡原來有個神像，現在只留下了一些牌位，有仙明娘娘的，也有各村龍王的。人們把帶來的仙明娘娘的牌位擺好，跪下說：「你想回來，我們把你送回來了。」按著當地規矩，仙明娘娘的牌位是第一次帶去，第二次帶回。大家磕了頭，洞口留下兩個人輪流跪香，其他四人拿著一斤麻油、十張黃裱及雨瓶等物開始進洞。再往裡走，裡面有個小洞口，奇怪的是，洞口雖小，但就是再大再胖的人也能鑽進去。彎腰走上一里多地，再蹲著走上一里多地，然後再像蛇一樣爬上三丈多遠，就進到了一個大山洞。這個洞很高，看不到頂，由此前行約一里路，就進了牛鼻子洞，再往前走是大雨坪底、石佛堂，這裡就是人們取水的地方。四個人在這裡停下後，開始燒香升裱，一邊說：「旱得不行了，我們向仙明娘娘要雨來了。」一個人跪著不起，一個人在形如奶子的懸垂下來的鐘乳石下燒裱，潮濕的鐘乳石遇熱後就會在表面結出水珠並滴落下來，另一個人在下面接著。水滴在上面的石壁上一直滾來滾去，不知什麼時候滴下來，每接住一滴水都十分困難。

祈雨人有個說法，說一滴水就是一分雨，十滴水就是十分的飽雨。因此，人們的最大心願就是接住十滴水，讓老天爺下場透雨。據說有一年祈雨，乃虎把娘娘的牌位丟了，十張黃裱都燒了，只祈下一滴水，裡面的人出來把在外洞燒香的專門從事祈雨活動的巫師——雨馬子叫了進去，雨馬子進去後就禱告說：「娘娘，今年把你的牌位丟了，我們也不要十分雨了，給我們七分就行。如果下了飽雨，我們就把你的牌位送回來供上。」說完就接了六滴。往回走時，又在大雨坪底接了三分，變成了十分的飽雨。出來後，找到跪香的，大家跪下又拜，然後用麵糰兒將雨瓶的瓶口塞上，用三尺紅布將雨瓶包好，掛在緊貼胸口的內衣裡，這才爬了出來。

祈到雨後，吃了飯就往回走，因為不能見人，不能經過村子，只能走山路。歸程經過一個祈雨人非常忌諱的地方，叫「呼家塔」，那裡有座廟，叫「烏神廟」，民間傳說保水的關公打不過烏神，取水人怕烏神把「雨」搶跑，誰也不敢在此逗留。

下嵋芝的王振武回憶說，1978 年祈雨經過呼家塔時，沒了吃的，當時同去的賴毛，正好有個外甥住呼家塔，大家就停在一座破窯裡，讓賴毛去找點吃的。回來時拿來了饅頭，吃了。這座破窯就在烏神廟對面，大夥怕乃虎睡著把雨瓶丟了，就都看著他，只見乃虎打了一下瞌睡，旁邊人急忙打了他幾拳，乃虎醒來嚇出一身冷汗。原來雨瓶挺沉的，可醒來後，雨瓶不知為什麼一下子變輕了。正在這時外面下了場大雨，大夥明白了——原來「雨」還是被呼家塔的烏神偷走了。

下嵋芝的祈雨來回需要三天，與家裡人約好，三天後接雨，屆時，天不亮，接雨的人們就向約好了的接雨地陽塔溝出發了。大家抬著樓轎，裡面坐著三個小龍王。去時，人們還帶去九把鍘刀，每口鍘刀上都貼有一張黃裱紙，放在樓轎前的地上，出發時，糾首主人家喊道：「龍王老爺給人家上刑！」連喊三次。隨著喊聲，幾個小伙子站出，兩人一組將首尾相連，刀刃沖裡，綁成等邊三角形的三口鍘刀舉起，並架到善愚們的肩上。扛刀的不穿上衣，刀燙天熱如同上刑一般。接雨的以年輕人居多，但女人是不能參加接雨的。

從下嵋芝到陽塔溝有十五里路，接雨時人們打著龍旗、虎旗及數面「風調雨順」旗。同時鑼、鼓是必不可少的。

留在村裡的人為大夥準備米湯撈飯，但沒有菜，就連鹽也不許準備。

接雨時，金家莊、闞則溝、庫道溝、黃白塔、加善溝、中嵋子等附近村子也有人參加。他們自抬樓轎，敲鑼打鼓，打著龍旗、虎旗、「風調雨順」旗，但不帶香火。在柳林，迎雨時除坐守龍王需要出迎外，關公也必須同往。老百姓說關公是保水的，有了他，「雨」就不會被偷走。在陽塔溝迎到祈雨的後，將他們請到曹家岩底的元明寺，那裡有甜湯撈飯等著他們。

回來後，抬轎的、扛刑的先去拜廟，跑進跑出數次，直到糾首主人家說:「龍王老爺下刑!」這才能卸下鍘刀，放下樓轎等負重。

接下來的是「鋪雨」儀式。年輕人從井裡打來水，然後將雨瓶中的水象徵性地倒到盆中一點點，然後用柳梢沾水往待在廟裡的人們身上灑，邊灑邊說:「龍王老爺下了吧，清風細雨救萬民。」儀式結束後，跪廟的才能站起。

「鋪雨」一般要鋪三天，在這三天中祈雨的人還不能回家，更不能見女人。他們每天都吃住在廟裡，儀式結束後才能離廟。據說一般「鋪雨」的當天就能打雷或下雨。

㈢泉井取水型祈雨儀式

在華北地區，泉與井在人們的經濟生活和文化生活中占有舉足輕重的地位。以山西河曲縣下榆泉村為例，這裡是個有著 200 來口人生活的小村落，但全村男女老少所依靠的只有一口井。為解決吃水問題，村民打過許多井，後都因無水而成為廢井，最後人們只能在自家庭院挖旱井，通過蓄留雨水，解決吃水問題。為了保住這口救命井，人們在這口井所在的山溝溝裡，種了些水分涵養林，也制定出過許多諸如不許用井水澆地、洗衣等民間法規，但水仍然是困擾著鄉民生活的最大難題。在下榆泉，人們就像愛護自己眼珠一樣愛護這口井。當地的一則傳說說，早些年，打外面來了個小和尚，說這兒的地形是個龍形，三聖廟蓋在了龍脖子上，村民住在

4–11　下榆泉村幾乎家家都有一口這樣的旱井。

了龍身上，廟前的戲臺是龍頭，戲臺東西的兩眼泉井就是龍眼（其中西面的一眼早已乾涸）——一言以蔽之，風水不錯。小和尚的話一經傳出，就被炒得沸沸揚揚，說明這小和尚的馬屁拍到了點子上。在當地人看來，井賽龍眼，確實是他們的至寶。在我走訪過的一些乾旱少水的村落，人們甚至會認為凡是旱不枯、澇不溢的泉井，不是海眼，就是東海龍王的棲息地。天旱得不行，人們就會成群結隊地來到泉邊，向著泉井頂禮膜拜。

在山西河曲縣坪泉村，人們取水的地點是水草溝。水草溝是個山溝溝，在溝底，有一眼泉水，大小約有 10 平方公尺的樣子，1949 年以前被圍成了一眼井。人們的拜水活動就在泉邊舉行。祈雨過程外人不許觀看，更不許介入，為此，善愚們在拜水前，首先要將祈雨場所用樹枝包圍起來，形成一個相對隱祕的空間。

在這個屏障裡，具有巫師色彩的善愚，實現著他們與神靈的對話。在這個過程中，不能有外界圍觀，如有圍觀，就會受到拜水者的鞭打，一般人也絕不會做任何不利於拜水的事。

在坪泉，供仙比較固定，一般是每家上三份饃饃，每份四個，共十二個饃饃，這似乎是個規矩。供菜一般是五個素菜，有豆腐、山藥、素油炸蘿蔔絲丸子、菜豆子、粉條子。這些菜多半是用素油調拌，不加任何調料。進供時，將這些飯食放在一個 40 公分長、 30 公分寬的長方形木盤中，由人送至柳牆外，善愚接過，放在泉邊。附近的住戶幾乎每家都要依次準備這樣一份供品，供過後，給善愚們留下一部分，其餘的帶回家中。當地人都說馬家的供仙最靈，這也一直是馬混在家族中最得意的一件事。

在泉井邊拜水的工具也是水瓶。水瓶一般有 20 多公分高。據老人回憶，拜水前，善愚先將三塊石頭放入水中，做成一個支架，然後將水瓶坐在水中支石上，瓶底入水約 2 公分。拜水過程中，善愚們仍是一人一爐香地跪在地上輪流祈雨，每換一爐香的同時，還要去離泉邊一里地以外的山上的龍王廟上一爐香，直至取到水為止。為早日祈到雨水，善愚們在跪香的同時，還要每天或每兩天用香燙自己的胳膊，或是將胳膊上的皮肉拉起，從側面插入小刀。通過這種惡祈來換取龍王老爺的同情。

拜水時，瓶中有了水珠，是拜到水的標誌。這與雨前礎潤的道理是一樣的。所以，只要瓶中有了水珠，理論上近期肯定要下雨。在坪泉，只要拜到水，不管是否下雨都要出馬。而出馬前後多多少少都會下點雨的本身，就說明拜水儀式並非全都是所謂的「迷信」。

人們之所以將它視為迷信，是因為其中的許多科學成分並未能得到很好的解讀，從而使這一充滿前科學色彩的行為，一直沒有得到應有的禮遇。

出馬是在拜到水之後的幾天裡，有的要停一、二天，但大多數都在第三天頭上出馬，至於到底何時出馬，還要請陰陽先生看日子。出馬那天，執事等人上山，將水瓶接到山下的那座大龍王廟裡，水草溝拜水活動至此結束。來到山下的大龍王廟後，善愚們還需跪水，但這時已經可以跪在墊子上，飲食條件也得到了根本改變。

拜水一般要拜七、八天，拜半個月以上也是常事。當地老百姓認為，如果在跪水過程中有螞蟻、青蛙等小動物從瓶邊經過，便是有雨的徵兆。另外，一個判斷是否有水的重要標誌，就是聽聽水瓶中是否有風聲，有了風聲，雨將不會遙遠。判斷是否有雨的第三個方法就是打卦。打卦是旱禱中最常用的占卜方式，這一方式也適用於取水。祈雨時，會首、善愚都有打卦的權力。

二、取水儀式與民眾觀念

以上，我們介紹了取水儀式的三種類型，分類原則簡單而直觀。可以說，從古至今，華北地區祈雨取水習俗，基本上都是在這樣三種背景下展開的。這種背景的選定，與人們對龍王生活習性的認知不無關係。

在民眾觀念中，布雨龍王的棲息地多選在深潭、泉井與潮濕的山洞，而很少與湍急的江河、波濤洶湧的海洋發生關係。這是因為龍是一種喜靜不喜動的動物，要想讓他蓄足水分，及時布雨，平時就必須給他創造一個舒適、安逸的生活環境。在這樣一種思維定式下為龍宮「選址」，首先就排除了選在水流湍急的江河中的可能，即或有，也多半選在水流平緩的河灣處；民間祈雨雖然有時也捎帶上四海龍王，但嚴格講，四海龍王與布雨龍王畢竟是兩回事，民間社會也不認為本地布雨龍王與大海有什麼必然聯繫。與江、河、大海相比，湖水是安定的，然其可測的深度與遼闊的水域相比難免有些相形見絀，反倒失去了藏龍臥虎的氣勢。所以，大海大湖也好，大江大河也罷，它們雖然在龍王信仰剛剛傳入中土之初，確實扮演過龍王居所的角色，但隨著歷史的發展，他們中的相當部分都已成為過眼煙雲，取而代之的是龍潭、龍洞、龍泉和龍井的出現。

「潭」，《辭源》釋為「水深之處」。深不可測往往是人們產生某種神祕聯想的前提。諸如延慶白龍潭，方圓不過三、五平方公尺，但深邃的潭底卻很容易使人聯想到潭底是否還有一個人們迄今未知的世界。一則傳說說，從前有人看見一個身穿白衣白甲的小伙子，騎著一匹白馬，飛身進了白龍潭。人們只見他進去，沒見他出來，這才知道原來他就是住在白龍潭的小白龍。當地老鄉說，別看這白龍潭不大，可中間深不見底，那最深處就是龍窩，管下雨的小白龍平時就臥在裡面。

在乾旱少水的山區，神祕莫測的山洞也常常被人們視為龍王的居所。在華北地區，被稱為黃龍洞、黑龍洞一類的山洞是比較多的。山洞成為「龍居」，不外乎有兩方面的原因：一是黑箱效應，越是昏暗處，越容易被人們理解為神祕動物的居所；二是凡較大山洞，洞內都有暗流、滴水，這種潮濕多水環境，也很容易使人聯想到喜歡水居的龍王。在山西，如果雨水過多，山體蓄水過量，蓄在山體中的地下水就會突然湧出，當地人稱之為「起蛟」，意思是山體中的蛟龍鑽了出來。據賈芝先生回憶，他小的時候，在臨汾老家的鄉下，就經常聽到人們講起起蛟的事。一旦起蛟，鄉裡就會有人敲鑼示警。隨著「起蛟了，起蛟了——」的喊聲，鄉民們就會帶上鍬鎬，迅速趕往起蛟地點。在山西這樣的乾旱少雨的地區，雨水是十分寶貴的。只要有水，人們就會想方設法將它留住。據賈老回憶，起蛟時，山體常常被噴湧而出的水流沖出一個大大的洞口，水流也會迅速向山下沖去。人們匆匆趕往起蛟地的目的，就是想將這難得的雨水引入田中，緩解旱情。當地人相信，龍平時就藏匿於山中，一旦有機會，就會出來興雲布雨。

在既無潭水又無山洞的平原地區，龍王信仰並未因此而泯滅，祀龍祈雨經常「應驗」的事實本身，就足以證明此地龍王的存在。在平原或黃土高原地區，人們常將這裡的泉或井想像成龍王的居所。

泉從外形及容量上看，都很難使人相信它與龍會發生什麼關係，但它旱不枯、澇不溢的特性，卻又很難使人不相信泉水下面正藏匿著一個什麼更為神奇的動物，正在支配著泉水的盈虧。在民間傳說中，這個動物就是既能蓄水又能噴水的龍王。有時，人們還會根據泉水的溫度、色彩等特性，將泉水背後的龍王想像成紅龍、火龍或冷龍等等。

與上述環境不同的是，井不是自然物而是人工物。據考古發現，井的出現至少可上溯至西元前 5000 多年前。他的出現使人類擺脫了必須近河而居的歷史，拓展了人類生活空間，大大地方便了人類生活。人們將井視為龍居的原因之一，也是基於井水旱不枯、澇不溢的特性。同時，由於井多深於泉，更容易使人聯想到另一個神祕世界的存在。在民間，井常常被說成是海眼，並認為這裡直通東海，是東海龍王的居所。在華北地區，人們祈雨時最常去的地方之一就是井邊，人們在那裡燒香升裱，乞求龍王布雨。

通過上面的敘述可以使我們看到，取水與旱禱、曬龍王、唱雨戲等祈雨行為的區別是相當大的，這區別主要表現在以下三點：

一、與曬龍王儀式多選用外村龍王、旱祈儀式常使用共祭龍王不同的是，取水活動在選擇所祀龍王時相當專一。去什麼地方取水，向哪位龍王借水，具有著明確的指向性。

正如上面我們所敘述的那樣，在民間社會中，儘管有五龍王、八龍王、十龍王之說，在民間祈雨活動中，所祀龍王也不只一個——一般是五個，有時甚至會有上百個，但民間卻一直認為主管本方雨水的龍王只有一個，這便是那位最靈驗的，脾氣秉性最好的，只管布「清風細雨」的本村龍王。因此無論日常祭祀，還是旱時取水，本村龍王都會受到格外關注，而其他龍王則會因種種藉口被人們架空起來。架空的理由多種多樣，有的因為是冷龍，專門下冰蛋蛋；有的專門下冷雨，坑農害農；有的則是脾氣不好，讓人放心不下；有的人品雖不錯，但需要在家頂母（照顧母親）等等，總之一句話，就是別的龍王都不行，要求雨，只能向本地龍王求雨。

在民間信仰中，龍都是單居獨處的。儘管在龍王廟中我們可以看到龍王家族的成員們其樂融融的場景，但在真正的民間信仰中，我們卻很少聽說過龍王群居的事例。這也是我們從未見過一個龍潭同時「居住」有多條龍王的原因。由於人們相信每條龍有每條龍的住處，所以取水時，人們只能去本村龍王所在地的那個龍潭取水，因旱情加劇而跑到別村龍潭向別村龍王借水的情形是比較少見的，因為大家都懂得龍王只保護自己村落的這樣一個非常簡單的道理。

二、祈雨地點有本質的差別。正像上面我們所說的那樣，旱情初起，人們祈禱或懲罰的主要對象不是龍王的「真身」，而是龍王的偶像或牌位，因此，這一時期的祈雨活動——旱禱、曬龍王、唱雨戲等祈雨儀式，都是在供放龍王牌位或龍王神像的地方——龍王廟進行的，相反，取水活動由於是向龍王爺的「真身」借水，所以必須去龍王爺藏匿「真身」的地方——龍潭、山洞或是泉井借水，這一點與其他祈雨方式也迥然有別。

三、參與人員數量與「素質」的不同。由於取水活動是去龍潭借水，祭祀對象不再是龍王的偶像，而是龍王老爺的「真身」，因此，對參加者有著十分嚴格的要求。曬龍王或唱雨戲可能會有數十、數百甚至數千人參加，但取水活動一般只能有一、二十個人參加，在一些更加隱祕的取水儀式中，一般參加者不會超過五、六人。那些參加者，特別是那些直接到潭邊或洞中取水的人，通常都被視為具有某種神性，可以往來於人神之間。人們認為只有他們，才配充當人神之間的使者，才有資格與神祇對話，而一般人，特別是婦女，是絕對不能參加的。

在人類文明發展史上，巫覡是最早被發現具有這種「神祕」力量的人。祈雨活動中，人們也常常利用巫覡的這一特性，讓他進行人神之間的溝通，以達到勸神布雨的目的。那些被民間稱之為「陰陽人」的道士，實際上就是古代的巫覡。而更多的人則演化成了具有「一技之長」的禱雨領袖，他們就是我們通常所說的「保水的」和「善愚」。

善愚只是山西河曲對祈雨活動主要參與者的慣稱，同樣的人物柳林稱「雨馬子」，有的地方則稱「難友」。說他們具有「一技之長」，是因為取水是一項專業性很強的宗教儀式，沒有相應的技藝傳承根本無法勝任。這種技能通常需要通過一定渠道加以傳承。這一渠道有時是師承，有時則是通過血緣傳承的方式來完成的。一般而言，保水的技術性更強，整個取水儀式都是在他的指導與監督下進行的，據說這部分人以家傳為主。而善愚儘管也需要一定的專業知識，但因有保水指導，選拔起來比較容易。只要人品好，心誠，能為大家做出犧牲，自己又甘心情願，都可以充當善愚。不過，在人口較少、社區機能不甚完備的村落，由於沒有保水的，雨馬子的責任便更顯沉重，現實要求雨馬子們掌握更多的技能，以應付各種突發事件。據山西省柳林縣下嵋芝村曾經當過雨馬子的王振武老人介紹，取水可不是件輕而易舉的工作，如果對洞窟的路徑不熟，輕者走進冷雨洞、冷風洞，取回冷雨、冷風，誤了莊稼，坑了農民；重者誤入歧途，就會被憋死洞中。就算是在嚮導的帶領下順利進洞，也可能會因為不懂技巧而「血本無歸」。因為進洞時只能攜帶十幾張黃裱，鐘乳上的水珠是在燃燒黃裱時產生熱量的作用下，迅速聚集在一起並墜落下來的，一旦黃裱燒完而接雨者還沒有接到足夠的「雨」或根本沒有接到「雨」，取水者只能無功而返。倘若從中弄虛作假，只會受到神靈的「懲罰」，所以，沒有相關「技能」就不可能成為一名合格的雨馬子。這一點與曬龍王、旱禱或唱雨戲的普通參加者有著本質區別。

當然，以上諸條還只是人們對取水者素質上的基本要求，只要努力，只要修行，似乎每個男人都有機會成為一名合格的取水者。但事實上，作為社會的一分子，人們在選擇社會的同時，也常常會受到來自社會以及文化上的選擇。在這個選擇過程中，每個人都只能成為這張棋盤上的一顆被動的棋子而不會有絲毫的自由。這個選擇標準，便是每個人的屬相。

在河北北部，屬相在取水者的選擇中具有決定性作用，人們認為取水者最合適的人選應該屬龍。這是因為龍王管水，屬龍的與龍王爺本是一家，一家人前來求雨，龍王老爺總不會不給面子。在赤城、延慶等地，儘管敲鑼打鼓前去龍潭取水的人不少，但真正能到龍潭跟前取水者並不多，其先決條件並不是鄉村社會通常採用的資歷標準——年齡或地位，而是屬相——凡是屬龍的成年男子都能獲此殊榮。當然，屬大龍者為上品，屬小龍者只能等而下之。如果實在找不到更合適的人選——如村裡的屬龍者都是女性或幼童，或為品德不佳者——社首才能親自到潭中取水。在這裡，人們最忌諱的是屬虎的，因為在民間信仰中，龍、虎犯相，是出了名的冤家對頭，屬虎的去取水，龍王老爺非但不給，還會給祈雨帶來許多麻煩。所以，在取水者資格的認定上，屬虎群體是最早被淘汰出局的，它反映出一種文化的力量。

第五節　斬旱魃儀式研究

一、旱魃辨證

旱魃是中國文化史上資格最老的一位旱神。早在上古時代，旱魃就已經成為「乾旱」一語的代名詞，說到旱災，人們也許首先想到的便是「旱魃為虐，如惔如焚」⓱。

較早提及旱魃形象的是《玉篇》和《神異經》。《玉篇》云:「女妭，禿無髮，所居之處，天不雨也。」《神異經》則說:「南方有人，長二、三尺，袒身，而目在頂上，走如行風，名曰『魃』。所見之國大旱，赤地千里，一名『旱母』。」看來，

⓱　《詩經·大雅·雲漢》。

這旱魃原是個個頭不高，赤身裸體，禿頭高目，行走如風的女子。相貌醜陋，反映出民間社會對她所持的態度。這也是後來旱魃在民間信仰中發展成為一名醜婦人的一個重要原因。山西朔州一帶所唱神戲《斬旱魃》中，旱魃衣青衣，頭套翻皮羊肚的打扮，很可能與上述神話記載有關。

在一些學者的研究中，只因《山海經》記錄有女魃在蚩黃之戰中幫助過黃帝，就將女魃說成是黃帝的女兒，也未免有些異想天開。因為在《山海經》中，只有「有人衣青衣，名曰黃帝女魃」及「黃帝乃下天女曰『魃』」兩語，文中並未明言黃帝與女魃有父女關係，生拉硬扯，似不足取。

還有一種觀點認為女魃就是女媧。原因是據民間傳說，女媧當初拓土造人，晾於院中，天大雨，澆壞泥人，女媧大怒，煉石補天，才擋住天雨，從此天下大旱，所以，所謂的女媧就是女魃。據引述者自述，這是一則民間傳說。但迄今為止我們尚未見過相關文本，對此不便評論。但在筆者看來，儘管這位學者已經發現了女魃與女媧之間的表層聯繫，但女媧補天的結果只是要擋住淫雨，並未說與大旱發生什麼聯繫，這一點引述者也是清楚的，再則，與上面所述黃帝一樣，女媧一直是作為人類始祖的形象出現的，敬祖如神的古人怎麼可能將自己的祖先與一個瘋瘋癲癲，專門製造乾旱的旱魔聯繫在一起呢?！筆者認為，即使民間真有類似傳說，也絕不排除後人作偽的可能。

二、斬旱魃儀式類型種種

旱魃是乾旱的製造者，旱魃不除，民無寧日。因此，許多地區的祈雨儀式都是圍繞著驅旱魃、斬旱魃這一古老主題進行的。

對墓中屍骨施以法術，是世界上許多地區都十分流行的祈雨方術。據弗雷澤《金枝》的統計，在這種祈雨模式中，以向屍骨澆水者最為常見，最通俗的解釋認為：水澆在死者屍骨上，死者的靈魂就會將這些水轉化為雨並重新降落下來，村民也會因此受益。在中國，人們採取了與上面完全不同的對策。在中原河南一帶，每遇大旱，鄉民們便會認定這一帶肯定出了旱古冢，會首就會派出人馬，四處打探，尋找他的下落。在河南鄉下，旱古冢也叫「旱包」，實際就是所謂的「旱魃」。相傳旱包常常化身為墓地中的屍骨，因此，派出探子搜尋的主要範圍也是墓地，看看墓地中是否有類似剛剛澆過水一樣非常濕潤的墳頭，如果有，則說明旱魃在這裡。人們就會聞訊從四面八方趕來，刨墳掘屍，曝曬三日，然後付之一炬。民間解釋說，乾旱是旱包用水為自己澆墳所致，燒死用水澆墳的旱包，天上自然就會有充裕的雨水為民澆田。

據郗慧民先生介紹，洮泯地區在二十世紀五〇年代的民間祈雨儀式中，仍有驅旱魃儀式。與中原不同的是，這裡的儀式始終是由婦女操辦的。屆時每戶出一媳婦，先用草紮一頭牛，代表旱魃，然後選四個年輕婦女抬上，到「班輩石」

邊轉三圈，再將石頭搬倒，眾人高聲唱道：

紅心柳，兩張杈，
旱魔怕的是娘們家。
褲子脫下鞋脫下，
不顧羞醜追一掛⑱。

唱完便大呼小叫地跑向山頂。在半山腰脫光衣服，把臉抹黑，到了山尖，點起火堆，繞火堆三圈，再將「旱魃」撕毀搗爛，付之一炬，表示旱魔已除，然後，整裝下山。來到河邊時，把裝有草牛灰的口袋扔進河裡，儀式即告結束⑲。

用草牛代旱魃，史書無典，如果一定要找尋源頭，則袁枚《子不語·旱魃》中旱魃係「僵女，屍貌如生，遍體生白毛。焚之，次日大雨」的記載，倒有若干相似：兩者身皆生毛，且焚之天可大雨。「僵屍」一說，宋元有之。時人認為旱魃長三尺，行走如風，有火光相隨。明清時期，民間也認為旱魃是僵屍，掘而焚之，可以致雨。

在山西長子縣，每逢天旱無雨，社上都要搞一次斬旱魃儀式。旱魃的製作方法很簡單：先用稻草做個身骨架，然後以一菜瓜為頭，上刻耳鼻唇目。掏空瓜瓤後，注紅水一碗，

⑱ 一掛即一趟。

⑲ 郗慧民著，《西北花兒學》，第109–111頁，蘭州大學出版社，1989年版。

封嚴。再用彩紙做衣做褲。一切佈置停當，將之放在車上，樂戶吹打在前，旱魃乘車於後。至村外，先立玉皇大帝牌位，燒香升裱祭獻供品，之後由主持朗誦祭文，聲討旱魃種種罪狀，並下令處斬。由樂戶扮演的神將得令後，一刀下去，削掉旱魃半個「腦袋」，「鮮血」噴出，儀式即告結束。人們深信，殺了旱魃，乾旱就會停止，雨水就會到來。此節目若在每年陰曆五月十三關聖廟會上演出，則由扮演周倉的藝人負責「行刑」⑳。

傳說中女魃相貌醜陋，禿頭裸體，形如死嬰，故民間有視死嬰、畸形兒為旱魃的習俗，請看《澤州府志》：

> 雍正十年六月十二日，沁河裡茹立奇報，秋泉裡宋二、海山等聚眾行凶，強澆旱婆，糾率七村居民千餘人，圍住黃河村，言本村茹聚珍妻衛氏生下旱魃。抱兒出驗，並無帶破。而人多語雜，聲稱無論是與不是，必欲淋澆旱婆。（疑此處缺文——筆者注）為名，竟將衛氏易穿孝報，抬放下河，潑澆冷水。又將茹氏弟屋拉毀。手持三眼槍，大呼「盤古初分，澆過旱婆。今日擊火星落在他家屋上，稱他龍母三聲，不出七日即雨。而現在五日內下雨，此是明驗」等妄語。邑令羅著藻立即重懲，械示首惡遊城，以曉愚頑。澤地多旱，每

⑳ 張振南、暴海燕著，〈上黨民間的「迎神賽社」〉，《民俗曲藝》81期，1982年。

> 逢祈雨，輒妄指生兒殘缺及墜地而死者為旱魃，其產母必將冷水淋澆，多致產後受傷身死。居中橫行，愚民惡俗，殊駭聽聞。其妄誕不經，與河伯娶婦何異？父母斯民，宜申厲止。

將剛剛生下的死嬰或怪胎視為旱魃，源於民間信仰中旱魃醜陋的形象，但就因此極為表象的聯想，竟不知使多少無辜的產婦因冷水潑身而斃命，聽起來著實令人髮指。

第六節　謝雨儀式中的謝恩與大同思想

在華北地區，祈雨成功後多舉行謝雨儀式，以感謝龍王的恩雨。謝雨的方式很多，繁簡程度也有較大差別。在山西朔州南西河底村，旱禱靈應後，要在龍王廟給龍王掛幡兒，美其名曰「謝雨」。幡兒的具體做法是：先用秫秸做一個 50 平方公分的五角星，然後用五色紙剪十個帶穗穗的彩幡，分別掛在五角星的五個外角及中間的內角上。做好後掛在小孩搆不到的龍王廟的頂棚上。據說五角、五色分別代表糜、麻、穀、豆、麥，預示著當年的五穀豐收。這是遇有小旱時的最簡單的謝雨方式。而我們通常所能見到的謝雨主要有以下幾種方式，他們分別是：獻牲、還水、唱戲和出馬。

在河北赤城縣董家溝，最常見的做法是在下雨後的第二天，去他們的取水聖地白龍潭，向白龍爺謝雨。謝雨使用的是祈雨的全班人馬，只是不用抬龍轎，不用赤腳。水瓶還是由那個屬龍的人背著。來到白龍潭後，燒香升裱，將水倒回潭中。邊倒邊說：「龍王爺，我們給你還水來了!」這叫好借好還，再借不難。還了水之後，把帶來的羊拉到龍王爺面前，稟牲後將羊殺掉。羊頭及皮原封不動留下，再用兩根棍將羊頭支起，讓牠趴在桌子上，意思是告訴龍王，我們給您供的是隻全羊。獻牲時，再次上香升裱。儀式結束後，將羊剁碎煮食，犒勞眾人。吃完後，還要再次燒香升裱，禱告龍王，然後原路返回。

除到龍潭還水外，董家溝人有時還會以唱戲的方式答謝龍王，唱謝雨戲之前要派人先到白龍潭邀請龍王。請龍王時，帶上香、裱、供，燒香升裱禱告一番，請求龍王回去看戲。請龍王時要拿著龍王碼，到龍潭後，將龍王碼放在龍潭旁，回來時再將龍王碼拿回，證明是請回來了。回來後將龍王碼放在兩尊龍王中間，意思是讓他回來瞧戲。戲散了再將龍王碼送回龍潭。

唱還願戲是謝雨活動中最常見的一種，不管是大村還是小寨，只要能斂到足夠的戲款，人們就會請來戲班唱上一齣。還願戲深得民心的原因有二：一是娛神，二是娛人。花一份錢辦兩件事，自然求之不得。但這種謝雨方式也存在一定弊端——對於相對狹小的社區而言，一箭雙雕自然是好事，但對於由數十個村落共同組織起來的祈雨活動，在最後的謝雨儀式中只以唱戲方式娛神謝神，總覺得不那麼公平——人沒看到戲不說，就是祈下雨，也很難說這數十個村落都能得到，沒得到雨的村落豈不白掏了這份份子錢?! 出於這樣一種考慮，在由數十個村落共同組織的祈雨活動中，一旦拜到水，人們就會舉行一個規模更大的謝雨活動，當地人稱之為「出馬」。

所謂「出馬」，就是在拜到水或祈到雨之後舉行的一種大規模的以龍王出行為基本特徵的祈雨兼謝雨的民俗活動。以山西省河曲縣的下榆泉村為例，這裡的祈雨活動是以五村四社三十六馬道這數十個村落為單位共同組織的，他們既是祈雨者，也是該祈雨活動的當然受益者。但在乾旱少雨的山西，即使是雨季，這裡也常常天乾地燥，即或有雨，也很難說會普潤整個社區。為了「彌補」這一缺憾，人們便會在拜到水或祈到雨之後，抬著龍王走遍該祈雨社團的所有成員村落，並通過一系列巫術行為，開出一條人為的、被人們稱之為「龍行舊道」的雨路，叫大家都能享受到龍王的恩澤，這就是「出馬」儀式的精義所在。說到出馬目的，河曲縣群藝館的張存亮是這樣解釋的:「取到水，四處走一走，一是炫耀經濟實力，二是顯得仗義，取到水不獨吞。」也就是說，人們出馬目的一是想借「出馬」之名，炫耀一下本祈雨組織的「能耐」，進而增強本社團的凝聚力；二是盡可能讓本祈雨組織的所有成員村落都能分沾到龍王的恩澤，讓大家都能從祈雨中得到實惠，進而維繫住信仰的權威。

出馬是得雨村落向尚未得雨村落所盡的一項義務，它的本質是原始共產主義中的大同思想。如果出馬後那些尚未得雨的村落仍未得雨，民間輿論的壓力就會立刻隨之而來，未雨村落也會在世俗輿論的壓力下開始商湯禱雨式的反省。在這裡，人們與自然抗爭的邏輯開始變形，人們在認識自然的道路上不經意間又一次步入歧途，但這一次次失敗給人們帶來的深刻反思，客觀上卻淨化了人類的內心世界。

正如上面我們所介紹的那樣，在不同地區，出馬原則各不相同。在下榆泉，即使拜到水，也一定要等到下雨後才能出馬；但在坪泉，拜到水後，不管下雨與否，三天頭上定要出馬。對於雨後出馬者來說，得到龍恩後不獨吞，而是通過出馬遊雨的方式，將龍恩帶到更廣大的社區；對於那些拜到水就出馬的村落來說，則是想通過擴大「龍行舊道」的範圍，將雨澤帶給整個祈雨組織的所有成員村落。

在以坪泉為中心的祈雨組織和以下榆泉為中心的祈雨組織，社首村落確定的原因並不完全相同。歷史上，坪泉以造紙業為主，與農業的關係並不很大，它之所以會成為社首村落，很可能與因其造紙業的發達而一舉成為這一地區的經濟強村有關。相反，下榆泉充當社首村落的背景主要還是因為它是這一地區的宗教信仰中心，人們所共同信仰的三聖爺就坐鎮在這裡。

在下榆泉，為了出馬，善愚們一旦拜到水，保水的在安排停當後，就要立即準備轉牌。轉牌也叫「告牌」，它是一個50公分寬、80公分高，下面鑲有一個長把手的長方形木牌。

為了能讓所經村落及早知道出馬消息並做好出迎準備，保水的要手持告牌，以最快速度，依次轉完五村四社三十六馬道。轉牌前，要按著三聖爺的出巡路線，將所經三十六村的村名一一寫在轉牌上，然後按轉牌上所寫村名次序，依次轉遍，日夜兼程，不得大意。

告牌的作用有兩個：一是標明出馬日期及各村出馬人數。看到轉牌，準備出馬的人就會應邀前來報到。二是通過告知出馬人數，讓途中各村做出相應準備。需要指出的是，在出馬時，這個牌子略做改動，變成了標有出馬日程、途經各村的大致時間及食宿地點等的「告牌」。

出馬這天，大家吃罷早飯，就開始集合隊伍，準備出發。在出馬行列中，人們一改傳統農業社會的無序狀態，行進中隊伍秩序井然。走在隊伍最前頭的是兩個打著神幡的人，接下來是一對並排行進的開路鑼，這兩個人每人肩上各扛一面旗，旗杆握處各掛有一面開路鑼，據回憶，這兩面旗叫龍旗，黃地黑邊，旗上畫有黑龍。開路鑼後面是一對黃顏色的開路牌，上畫虎頭，所以也叫「虎頭牌」。據張富歧老人回憶，虎頭下面原來好像還有「迴避」一類的警示，除顏色不同外，與古代皇帝、縣官出巡時所用的「肅靜」、「迴避」一類的牌子大體相同，很可能是民間對官方儀仗的模仿。接下來的，是兩個吹長號的人，這種長號很長，據說有 250 公分左右，與出家人所用長號極為相似。這種號沒有音階，只能「嘟嘟」作響。此外還有笙、簫、哨吶、小哨吶、扇鼓、小鐃、雲鑼。

據縣誌記載，在祈雨出馬的隊伍中，還有塤這種古老樂器。我們曾粗略地統計過——包括祈雨老者的回憶，也包括對幾座龍王廟壁畫上所反映出的祈雨場景的描寫——一般說來，祈雨時所用的樂器，多在七、八件至十三、四件不等，樂器以打擊樂和管樂為主，但絕無絲弦。這也許與樂器需在行進中演奏，而弦樂又無法勝任這一演出方式有關。出行鑾駕共十八人，九對刀，此外還有金瓜鉞斧朝天鐙，每人扛一樣兵器。在隊伍中，還常常夾雜著幾個手持鐵繩、往來巡視的人。民間傳說三聖爺出巡時專抓那些行為不軌的「灰人」。當然，如果隊伍中有人調皮搗蛋，或祈雨隊伍過來時，當地村民不跪不迎，他們都有權揮鞭訓斥。

在下榆泉，出馬的有三副轎子，水神爺的轎不能換人，三聖爺、龍王爺的轎子抬累了則不受這個限制。其中，三聖爺的大紅轎在前，水神爺的小藍轎居中，龍王爺的小藍轎斷後。當地老人介紹說，看上去三聖爺的轎子最大，最排場，但實際上人們最看重的還是水神爺的轎子。因為水神爺的轎子上裝著拜來的聖水，所以，一路上，保水的、頂水的、毛女、善愚等祈雨要員始終不敢離開水神爺半步，兩個毛女在前，三個善愚殿後，其他幾個人緊緊相隨，分秒不離水瓶，生怕它突然消失。在他們看來，這水瓶是此次祈雨成果的全部，它是雨的象徵，同時也是雨的信息物，有了它就有了豐沛的雨水，丟了它也就丟了滋潤萬物的依據，因此不能有絲毫閃失。在出馬行列中人們有時還能看到背印的，據說那是玉皇大帝的御印。民間解釋說，是否布雨全在玉皇大帝，三聖爺、龍王爺至多只是玉帝旨意的實施者。只有背上玉帝大印，龍王和三聖爺才敢名正言順地行雲布雨，否則就會落得個盜雨的罪名。

出馬的人數一般都在 200 人左右，所到之處，村裡派飯。各家將飯做好，拿到廟上給出馬的大隊人馬食用。大戶送兩、三個人的，一般人家只管一個人的飯食。

負責接待的村子也有會首和牌官。在出馬隊伍還未進村之前，該村就已經開始了自己的準備。他們在會首帶領下，先在龍王廟燒香擺供，舉行稟牲儀式。這種稟牲不必殺羊，會首只要在羊耳朵上剪一個小口，將血滴在一個小碟子裡，供在神臺上，就表示已經殺牲了。稟牲的羊則可直接放歸羊圈。稟過牲後，人們開始在廟前點燈掛紅，擺放供品。供領神饃饃㉑兩盤，素菜八碗，沙果、鮮桃若干。

出馬隊伍到達後，一般直奔龍王廟。在當地的民間信仰中，青龍地位最高，青龍進院時，有人高喊：「青龍站供!」眾人隨口應道：「哇哈哈！哈！哈!」隊伍全部進院，人們將神轎放在廟院後才能休息。這時，兩個毛女利用大家休息的工夫，一問一答地盤歌。而出行途中一直很活躍的叫雨的，這時則可以歇上一歇，因為明天一上路，他們又得扯起嗓子

㉑ 每盤五個，領神饃饃又叫供仙，用一條粗麵條做成對捲狀，在兩個對捲的中心，各銜入一個大紅棗，蒸熟後的厚度約在 5 公分左右。

盤唱個不停。

祈雨出馬的大隊人馬回村時，準備演回馬戲的戲班子已經到來。他們穿好行頭，化好妝，出村迎接出馬者的歸來。村裡的人要上好香，擺上供，放響炮，迎接神轎歸來。神像歸位後，還要稟牲，富裕時殺牲，一般情況只是用水淋一下，在羊耳朵上剪個小口，出點血，就算稟牲了，當地叫「見活牲」。稟牲的地點是本村的龍王廟。

拜旱香得雨後也出馬，但人數不多，一般也就是六、七十人，有開路鑼以及長號、鑼、鼓、鐃等簡單樂器，但沒有叫雨的，沒有和尚、毛女，也沒有青龍，出馬的「神神」也只有三聖爺一位。因為拜旱香是本村的事，出馬也不必繞遍五村四社三十六馬道，只圍繞著村境走上一遭就可以了。這種小型出馬活動同樣體現了誰祈雨誰「受益」的原則。

在坪泉，出馬也是這一地區祈雨活動的重頭戲。與下榆泉不同的是，他們出馬的「神神」是龍母和她的五個兒子。裝有取水聖瓶的轎子跟在五位龍王的後面，最後才是殿後的土地神小轎。

在民間社會，出馬的路線是亙古不變的，他們將龍王的出馬路線叫「龍行舊道」。以坪泉出馬的路線為例，他們的出馬路線依次是：坪泉、城關、唐家會、岱岳殿、柏鹿泉、大峪、樓子營、焦尾城，然後回到坪泉。而下榆泉的出馬則要求在三天之內走遍石偏梁、上庄、陽面、南溝子、石梯子（早飯）、杜家梁、郭家庄、陸家寨、磚窯溝（午飯）、沙坪、武家庄、趙家嘴、翟家溝、蒿梁、南沙窊（過夜）、楊家窊、鹿固（第二天早飯）、喬家鹿固、窯坡、小埝、陽坡泉（午飯）、城塔、寨上、寺墕、向陽坡、祁家墕（晚飯）、狗兒窊、巡鎮（早飯）、河會、夏營、五門樓、曲峪、赤泥墕、石仁村、白家墕、上榆泉等共三十六個村落，即五村四社三十六馬道。

隨著交通業的迅速崛起，我國農村新型交通網絡也迅速發展起來。但按著當地舊俗，出馬路線就是再難走，也不能就近圖便走大路，同樣，就是舊有的「龍行舊道」遭到人為破壞，或是已經被種上莊稼，也必須排除障礙，從這裡經過。在人們的心目中，「龍行舊道」是不可阻擋的。據山西省河曲縣文化館的張存亮回憶，坪泉有個叫「大牙楂」的，威風八面，無人敢動。當地有句順口溜云：「天不怕，地不怕，就怕坪泉的大牙楂!」可見，此人十分了得。有一年，他在龍行舊道上剛種上莊稼，坪泉出馬的隊伍就來了。按老理兒，出馬隊伍只能走「龍行舊道」，但大牙楂以已經種上地為由，就是不讓出馬隊伍通過，雙方爭執起來，最後出馬的大隊人馬還是過去了。

在華北地區，這種出馬遊雨的日程多被安排成三日。出馬方式一般有兩種：一種是三天之內一次性走完全程，吃住在外；一類是三天之內每天早出晚歸，分三個單元走完所有社區。

為什麼會出現這兩種截然不同的出馬模式呢？研究後我們發現，凡一次性出馬走完全程的，多屬山區，我們稱之為

「山區型出馬模式」。這裡山高坡險，許多村落雖有多條羊腸小路互相連通，但真正能走開四抬大轎的大路至多也只有一條。為出行方便，許多村落也依路而居。這樣，出馬隊伍沿大路一直走下去，就能遊遍整個社區。所以，在山區，這種大型出馬活動所採取的基本上是一種一次性出馬模式；相反，在平原地區，村落之間交通四通八達，因為土地的關係，各村落之間分佈得也比較平均，人們很難沿著一條路走完附近的所有村落，因此人們多採取三天之內分三個單元分別走完全程的做法，我們將這種做法稱為「平原型出馬模式」。

據考，「龍行舊道」一詞最初並非用於祈雨，而是民間對本社區來雨規律的一種形象說法。如河北赤城人認為他們這裡的雨多從東南來，於是，東南一線便成了這裡布雨龍王常走的一條「龍行舊道」。但這條「龍行舊道」未必能經過他們祈雨組織的所有村落，於是人們只能抬著龍王，模仿著龍王出行的樣子，讓他繞境一周，將雨露帶給本信仰集團的所有成員村落。

第五章

龍王信仰的文本研究

龍王信仰原產印度，但進入中土後，並未按舊有模式在中國蔓延，而是在佛道間的激烈競爭中，達成了彼此間的相容，與中國本土文化中的五行思想、家族觀念相互吸收，並最終形成了別具一格的五龍信仰。

龍王信仰是依託一定的文本加以傳承的。在傳承過程中，一些民間文本類型，諸如神話、史詩、童話以及民間敘事詩等等幾乎很少能參與其中，而另外一些民間文本類型諸如傳說、個人經歷故事、歌謠以及準民間文本祈雨碑文等等，則出盡風頭。這說明龍王信仰傳承對民間文本類型具有一定的選擇性。具體說來，支撐著龍王信仰的文本載體主要包括以下幾種類型：

一、講述龍王世家及其相關信仰的民間傳說和使人信以為真的個人經歷故事。

二、記錄歷史上龍王顯靈、禱雨獲應的碑文，記錄廟宇興建、修繕過程的紀念碑文，具有民間法規性質的警示性碑文以及具有記錄功德性質的功德碑文。

三、祈雨儀式中使用的易懂易記，琅琅上口的民間祈雨謠、道家祈雨經以及官辦祈雨儀式上吟誦的祈雨文等等。

這些民間文本類型從不同角度闡釋並鞏固著民間傳承的龍王信仰，為我們研究中國華北地區龍王信仰，提供了大量翔實而可信的文本資料。

第一節　龍王傳說的分類與功能

在宗教領域，教義傳播的主要載體是宗教典籍及相關文本，它是教義得以傳播的基礎與前提。作為民間宗教的龍王信仰，除作為佛教與道教的一部分是通過書面方式加以傳播外❶，絕大多數都是通過民間傳說加以傳承的。它為人們瞭解龍王信仰提供了大量原生資料。在這類民間傳說中，也混雜有相當部分的個人經歷故事。作為一種常見體裁，個人經歷故事完全可以列專章論述，但由於這裡的所謂「個人經歷故事」，已經進行了較多的充滿主觀色彩的「格式化」，形式及內容更接近民間傳說，因此，在此一併作傳說處理。

一、龍王傳說的分類

在我們所接觸到的文本中，龍王傳說大致可分為以下四類：

(一)龍王本事傳說

與基督教崇拜基督，佛教崇拜釋迦牟尼，道教崇拜老子，儒教崇拜孔子一樣，作為中國民間宗教的雨神信仰也有自己的崇拜對象，這便是龍王。

在龍王傳說中，有許多與龍王誕生或龍王家世有關的傳說故事。

正如眾所周知的那樣，龍王信仰原產印度，但進入中土後，並未按舊有模式在中國蔓延，而是在佛道間的激烈競爭

---

❶ 如佛教典籍有《法苑珠林》、《雜寶藏經》、《妙法蓮華經》、《大雲輪請雨經》、《華嚴經》等；道教典籍有《太上洞淵請雨龍王經》、《太上元始天尊說大雨龍王經》、《太上護國祈雨消魔經》、《大木郎神咒》、《小木郎神咒》、《大雨龍王經》、《雷聲經》等。

中，達成了彼此間的相容——舶來的龍王思想、龍王形象與中國本土文化中的五行思想、家族觀念相互吸收，並最終形成了別具一格的五龍信仰。傳說中，區分五龍的唯一標準是色彩，這裡的龍王幾乎無一例外地只與紅、黃、青、白、黑這五色發生聯繫。除五色龍王外，人們甚至很少還能再找到以其他色彩相指稱者。所以，中國的龍王傳說實際上就是指五龍及其世家的傳說。

在五龍傳說中，龍母往往未婚而孕，血親單傳，這是個典型的貞節受孕型故事。而在另外一些傳說中，雖然也承認老龍王的存在，但相傳老龍王布雨有誤，很早便被斬於唐朝宰相魏徵的刀下，因此，傳說中的老龍王也很少能成為民間雨神信仰中的主角，以至於在多數龍王廟中都無法找到老龍王的身影。這類傳說想像豐富，具有較強的可讀性，是官方出版物中最常見的一種。但由此得出結論，認為它基本上反映了龍王傳說的整體風貌，則有失公允。

田野作業統計結果表明，真正流傳於民間的龍王傳說，並不是作為文學讀本出現的，其主要功能不在娛人，而是力圖通過故事的敘述，告訴人們本地龍王的來源、特點以及龍王信仰中的種種慣制、習俗和禁忌。這類傳說具有極強的地域性和強大的解釋功能。它所關注的始終是龍王信仰中的「這一個」，抽象的、大而化之的龍王傳說事實上是很少見的。

正像世俗在炫耀自己時都喜歡擺出家譜，炫耀門庭一樣，人們在強調龍王神性時，也常要正本溯源，從龍王廟中龍王刻像或製作龍王刻像所用原料講起——因為它直接涉及到龍王的神格問題。

流傳在朔州肖西河底村的一則傳說說，離這兒百十里地遠的平魯縣有個村莊，天旱祈雨，結果龍王下的不是雨，而是冰蛋蛋。村民一氣之下將龍王爺的刻像扔到溝裡，被山水沖到西河。當時有個名叫張滿山的人正在河裡撈柴，見一段黑漆漆的木頭沖了下來便去撈，撈上來一看，原來是個木刻龍王，便將他作為龍王爺的三太子供了起來。村民說，這三太子非常靈驗，肖西河底村都衝著他禱雨。

流傳在山西河曲縣的一則傳說則說，河曲有三大龍王廟，一在坪泉，一在唐家會，一在大榆。相傳這三個廟中木刻龍王所用原料，都來自從黃河上游發大水時沖下來的一棵大榆樹。當時坪泉用了中段，唐家會用了下段，大榆用了上段，做出的龍王都很靈驗。

類似例子還有一些。這些傳說的一個共同特點便是在強調龍王的神性時，著重突出以下兩方面因素：一是龍王與「水」的關係，二是龍王刻像或製作龍王刻像所用原料的神奇艄來。

作為一種文化動物，龍王的主要功能就是布雨。人們常說，龍王之所以能興雲布雨，是因為他平時潛居深淵，身體甚至包括每個鱗片內都蓄有充足的水分，一旦有了旱情，龍王就會即刻登天布雨。這一觀念產生年代久遠，甚至早在春秋時期，人們就已經注意到了它的存在，並把它記錄在了中國第一部地理書《山海經》中：

有人衣青衣，名曰黃帝女魃。蚩尤作兵伐黃帝，黃帝乃令應龍攻之冀州之野。應龍蓄水，蚩尤請風伯、雨師縱大風雨。黃帝乃下天女曰魃，雨止，遂殺蚩尤。魃不得復上，所居不雨。

這種觀念不僅漢族有，少數民族地區也有。在鄂倫春，人們認為雨是龍神下到池中，用鱗片沾滿水升空後抖落下來的水珠。所以，看到龍時，不能說他上不了天，否則他就會真的上不去。只能說：「快上去吧!」並用棍子做出抬舉狀，好讓他趕快上去❷。在沿江生活的赫哲族，人們認為雨從江水演化而來，而將江水運送到天上的正是龍神。據說龍在運水時，將水蓄在每個鱗片中，每個鱗片能盛四十擔水，龍擔水升天後，看下面哪兒乾旱，他就往哪兒灑❸。此外，民間還盛行著這樣一種說法：龍王在布雨之後，體內空虛，水分耗盡，便化作彩虹，降到地上吸水。這一觀念在漢族及壯、侗等諸多少數民族中都有傳承。據考，這一觀念的產生也非常早，在甲骨文中，「虹」字就是一個做吸水狀的雙頭龍的形象。這一形狀的文物在遼寧東山嘴紅山文化遺址、河南商代婦好墓遺址及河南唐河縣針織廠漢墓遺址中都有發現。

在民間故事中，我們也常常會看到這樣的情形：只要故

❷ 秋浦著，《鄂倫春社會的發展》，第159頁，上海人民出版社，1978年版。

❸ 《赫哲族調查材料之二》，第95頁，1958年內部鉛印本。

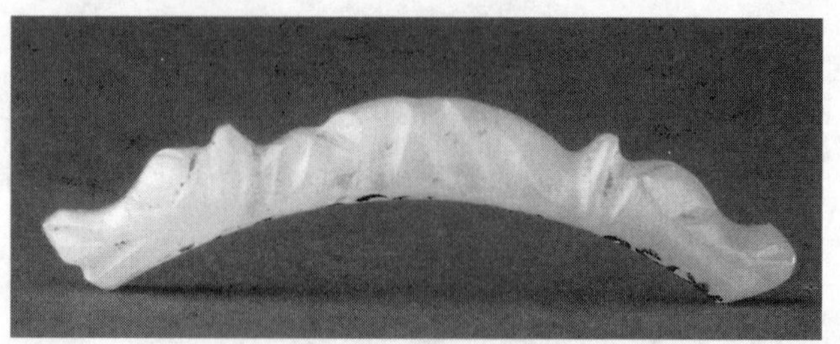

5-1　雙龍首璜形玉飾，遼寧喀左縣東山嘴紅山文化遺址。

事涉及到水源枯竭，幾乎都與龍王正在蓄水有關❹。為了讓雨後龍王重新蓄水，在天津武清，得雨後的農民處理土龍的唯一方式是將他推入潭中。在山西河曲、朔州等地，如果祈雨不靈，人們也會將原因歸結為龍王沒有吸足足夠的水分，懲處的方式就是將龍王刻像扔到水中，讓他重新蓄水。在民間傳說中，許多村落反覆強調本村龍王或製作龍王所用原料均源於河水中浸足水分的實木，實際上這已經在無意識中表露出了「應龍蓄水」這一古老觀念，為本村龍王的靈驗做好了「物質」方面的鋪墊。而這類傳說所強調的龍王或製作龍王所用原料的神奇漂來，無形中也為自村龍王的靈驗找到了信仰層面的依據。正如非洲黑人很容易誤將遠道而來的白人視為上帝一樣，龍王傳說也常常會為你透露出這樣一種思維定式——龍王還是遠道的靈，外來的和尚好念經。正因如此，

❹　〈白龍村的傳說〉，中國民間故事三套集成《堯都故事》第一集，第 247 頁；〈南子斬惡龍的故事〉，臨汾地區民間文學集成編委會編，《堯都故事》第二輯，第 36 頁。

在一些村落中，即使那裡的龍王再平凡，人們也一定要在龍王的履歷上，給他加上一段從某大河上游漂來的歷史，似乎若不如此，就不足以顯示出龍王的靈性。當然，這只限於木刻龍王，至於泥塑龍王，就沒那麼多的規矩了。

龍王的擬人化始於唐代，是印度文化影響的結果。在此之前，龍在中國人心目中只是一種虛擬動物。擬人化的結果非但沒有使傳說的傳奇色彩受到任何衝擊，貼近人間生活的龍王形象反而更激發起了人們的創作熱情。唐宋以降，龍王廟中不但出現了人形龍王，就是在民間傳說中，也出現了人格化了的龍王爺的身影。

在華北地區，許多傳說中的龍王都是以一個老實厚道，勤於助人，有求必應，同時又具幾分靈性的莊稼人的形象出現的。延慶前廟的一則傳說說，延慶的黑龍爺是個老光棍，靠給人家打活掙口飯吃。他勤快、能幹，大家都願雇他。可鋤地時，一塊地他只給人家在地的四角及中間各留一棵苗。掌櫃的生氣了，賭氣地說：「你怎麼鋤這麼稀？給我留一棵不就完了?!」他聽了真的就給人家留了一棵。結果呢，稀是稀，可到秋天真的沒少打糧食。幹完活，他走了，走到井邊就不見了。後來，人們在井邊發現了他的布鞋，這才明白他是條黑龍。他是個好人，誰的忙都幫，誰也不得罪，所以，天旱時人們都到井邊向老黑爺子求雨。

類似老黑爺子的這類龍王形象的出現，反映了中國農村社會對他們所崇拜的神靈，特別是雨神在精神層面和人格層面上的寄託。在華北地區，每逢旱季，天高地燥，用不了多久，莊稼就會因無水而遭受滅頂之災。在這種情況下，人們只能將自己的一切，託付給他們足以信賴的神靈。在民間，人們祈雨時之所以認定了不耍奸、不犯懶、勤於工作、樂於助人、有求必應的龍王，正說明人們在精神層面和人格層面對雨神龍王的肯定。而在某些民間傳說抑或祈雨實踐中，人們之所以只請某龍，而不請其他諸龍，原因多半也是出於對其他諸龍在人品人格層面上把握的不確定性。傳說中，冷雨、冰蛋蛋以及狂風暴雨的出現，常被人們歸結為龍王秉性及人品方面的問題，這些身有劣跡的龍王，是人們祈雨時必須迴避的對象。

在民間信仰中，每位雨神都有一定的迎請規則，規則的制定反映出人們對親緣、地緣以及上下級關係的不同態度。這些規則對調解人際關係，整合社會秩序，都曾發揮過積極作用。而形象地說明這一規則的，正是一則則充滿傳奇色彩的民間傳說。

在山西河曲縣的下榆泉，布雨的主神通常被認為是玉皇大帝或老龍王的三太子。三太子人稱「三聖爺」。他的勢力範圍極大，手下主管有五村四社三十六馬道，但坐鎮下榆泉。本村祈雨時，人們可隨時叩拜三聖爺正身，但這五村四社三十六馬道各村祈雨時，則不能隨意迎請三聖爺的正身，要請，只能請他的替身——三聖爺的「出山像」。真正能請動三聖爺正身的地方只有三個地方，它們分別是：縣城、雙廟和曲峪。

縣城及曲峪鎮是下榆泉村的上級單位，他們能迎請三聖爺是很自然的。但為什麼一個小小的雙廟居然也有恭請三聖爺的權力呢？一則傳說是這樣解釋的：據說三聖爺是雙廟的一個貨郎擔來的。聽說三聖爺祈雨靈驗了，就要討回去，下榆泉沒給。但三聖爺畢竟出自雙廟，是三聖爺的「娘家」，所以每逢過會，雙廟人都有權力將三聖爺的正身請回去住上三、四天，這叫三聖爺住「娘家」。

在華北農村，「娘家人」常常是人們討面子時最常用的一張牌。不用說古人常用它擴張勢力，攀龍附鳳，就是現在，娘家也常被視為男方家庭關係網的重要延伸。所以，只要點到雙廟是三聖爺的「娘家」，就絕對不會再有什麼人自討沒趣，敢出來與之攀比。

從上面這個傳說中可以使我們看到，在同一祈雨文化圈中，人們也會根據親疏程度的不同，將人分成三六九等，那麼對於圈外的信徒，人們會採取怎樣的態度呢？傳說告訴我們，通常人們對其他信仰文化圈的人所採取的是一種十分戒備的態度。一則傳說說：從前，內蒙中旗靠山西這一帶連年大旱，他們慕名前來恭請三聖爺。三聖爺馬到成功，祈到了雨。後來，內蒙人在還三聖爺的時候，還回來個假的。這就開始打官司。下榆泉說是假的，內蒙說是真的，雙方各不相讓。縣官斷案，讓他們把那個三聖爺先送上來。縣官問借方：「你說你是真的，有何標誌？」他們說不上來，只說是木頭做的。縣官又問下榆泉這一方，回答說是檀木做的，心是銀心。

縣官沒顧上看是不是銀心，先用鑽子在左腳底板上鑽了一鑽，果然是檀木的。三聖爺又回到了三聖廟。從那以後，三聖爺的正身只有縣裡、曲峪和雙廟能請動，別人就誰也請不動了。

傳說表明，人們在制定迎請原則時，十分看重姻緣關係和上下級關係，其次才是同一信仰文化圈內的地緣關係。至於沒有任何聯繫的遠方信徒，人們一般採取的是拒絕的態度。縣城、曲峪、雙廟之所以能破例迎請三聖爺，其他村落之所以只能迎請三聖爺的出山像而不是坐府像，遠道而來的外地人之所以嚴遭拒絕，原因就在這裡。

㈡龍王廟的傳說

與龍王廟有關的傳說很多，但最具特色的還是有關龍王廟選址的故事。作為傳說的一個類型，它所強調的是龍王廟

5–2　坐落在山西河曲縣郊外娘娘灘村的龍王廟。

選址過程中神的意志。在山西曲沃縣流傳的一則故事說，在古縣城北二十餘里的龍母山上有座龍母宮。修龍母宮時，原定修在山下。附近各村村民籌款的籌款，備料的備料，當原料備齊，準備破土動工時，一夜工夫，備好的原料不翼而飛。查來查去，原來都上了龍母山。人們不知其故，頓覺愕然。當日早晨有人發現，各家圈中的牛羊都汗水淋淋，口喘粗氣，精疲力盡。還發現通往龍泉山的山坡上到處都踏滿了牛羊蹄印。人們這才恍然大悟——原來可能是龍母娘娘嫌選址不當，故而連夜動用成群牛羊，將建材搬到了山上。於是人從神意，把龍母宮改建在了龍母山❺。

託夢捎信，動用左近十里八村的牲口搬石移料，是廟宇傳說中的一個常見母題。究其根源，很可能與民間的這樣一種俗信有關：民間認為，修廟過會時，如果動用了誰家牲口，誰家牲口就會由此得到好運，病患者可以痊癒，枯瘦者可以健壯起來。所以，就是現在，遇有過會等民俗活動，許多地方仍願意出騾出馬盡義務。隨著社會的發展，汽車、拖拉機漸漸取代了牛馬，但人們的觀念並沒有發生多大改變。在河北省趙縣范莊鎮每年一度的二月二龍牌會上，人們依然保持著免費為過會提供車馬的傳統。據一位司機講，這麼做一來表個誠心，二來也圖個人車平安。

正如上面我們所講述的那樣，下榆泉的三聖爺是貨郎子

---

❺ 山西臨汾地區民間文學集成編委會編，〈龍母娘娘〉，《堯都故事》第二輯。

從雙廟擔上來的。想當初，貨郎子本想將三聖爺安置在雙廟，但夜裡託夢，說地址應該選在有大榆林的山坡上。說幹就幹，料也備下了，誰知第二天起來一看，料也沒人運，自己就挪到了下榆泉。這是神意吧？大家想。於是，人們就在這兒蓋起了三聖廟。

其實，這裡所說的風水與我們通常所說的風水並不是一回事。在這類選址傳說中，我們看到龍王廟的選址與我們通常所說的陰陽宅的選址幾乎沒有任何相似之處。有傳說為證：山西陽城的一則傳說說，村民決定修建一座龍王廟，請了好多風水先生選址，選來選去，最後選在西石臼村南的山嶺上。人們花了很多工夫才把材料運到那裡，堆得像座小山。眼看就要動工了，可突然刮起一場大風。一夜之間，那裡堆放的材料全部不翼而飛。人們說準是龍王爺顯聖了。修廟的理事們著了慌，東尋西找，最後才在龍掌、郭溝、西石臼中間的水溝旁找到了。奇怪的是，材料還是按原來的樣子堆放著，一件不多，一件不少。人們議論紛紛，都說這才是塊風水寶地，說明龍王爺願意在此安家。平整地基時，人們從地下撬起一塊大青石，青石下有一個洞穴。打著火把往下一看，天啊，裡面好端端臥著一條金光閃閃的大蛇。人們尊蛇為龍，大廟落成，就叫「盤龍廟」，從此以後，這一帶年年風調雨順，人們安居樂業❻。這則傳說告訴人們的另一層意思是說，龍

❻ 山西陽城民間文學集成編委會編，〈龍掌村與盤龍廟〉，《陽城民間故事集成》。

王並不買風水先生們的帳，有些地方在風水先生們看來是好風好水，但在龍王看來並不理想。刊刻於山西陽城北崦山白龍廟中的一塊碑文是這樣說的：「粤乩吾陽北崦山，傳聞係顯聖王選勝而止，並非堪輿哲見可及。」❼可見，龍王廟選址與風水思想無關的觀念並非今人杜撰，它在數百年前就已經出現了。而且，我們有理由相信，這則記錄只是這一觀念的流而不是它的最終源頭。

㈢禱雨靈驗的傳說

在龍王傳說中，絕大多數作品都在強調龍王的靈驗，這是龍王傳說的功能所在，也是龍王傳說的核心。

山西省河曲縣下榆泉的一則傳說說：很早以前，這個縣來了個姓祁的縣長，來時正趕上天旱。祁縣長決定親自祈雨。他對三聖爺說：「你三天之內要給我下雨，否則，我就把你扔進黃河。」結果，第三天頭上真的下了大雨。祁縣長高興了，說：「這個三聖爺還真靈。」隨後，親自做了個藍地、黃邊、金字的大匾，掛了起來。他還把三聖爺抬到了縣裡，拜上早香，結果也下了雨。祁縣長對三聖爺佩服得五體投地，送回來的時候還一個勁地重複著那句話：「這個三聖爺還真靈。」

這類傳說雖多以真人真事的形式出現，但並禁不住推敲。不用說拿不出任何物證，就是祁縣長這個人，在河曲縣歷史上也從未出現過❽。然而，就是這樣一則傳說，在山西河曲

❼　〈重修正殿香亭關帝廟高樓東社房樓碑記〉。

縣的雨神信仰史中，卻發揮過相當重要的作用，三聖爺的信仰不但藉此在下榆泉紮下了根，而且影響所及甚至遍及附近五村四社三十六馬道，民間傳說對民間信仰的影響力度之大，實在不敢低估。

在龍王傳說中，也有一部分作品專門講述龍王從靈驗到不靈驗的這樣一個過程。這類傳說一般都有一個共同模式，即前半部分竭力強調龍王的靈驗，而後半部分則通過故事，解釋後來變得不靈驗的原因。從前我們一直以為這是社會變遷，特別是 1949 年中華人民共和國成立後，政治衝擊對龍王信仰產生的負面影響——「不靈驗的傳說」只是龍王靈驗傳說的「後結構」。但當我們考察了 1949 年的一些龍王傳說後發現，這類傳說實際上早在 1949 年就已經存在，1949 年之後政治環境的變遷對這類傳說可能產生過一定影響，但並不是決定性因素。這類傳說產生的真正原因還在於「龍王靈驗」現象自身的不確定性。也就是說，人們祈雨所用的龍王並不是時時、處處、個個都是靈驗的，他們通常也有不靈驗的時候。

龍王是中國農業社會的一位尊神，每遇天旱，人們便會很自然地想到龍王，並相信通過虔誠的祈禱，便能打動龍王的善心並因此而得到龍王的恩雨。但事實上禱雨並非總能應驗，這時，人們便會找出種種理由，將過失推給自己，並認

❽ 河曲縣志編纂委員會編，《河曲縣志》，山西人民出版社，1989 年版。

為這只是自己不夠虔誠或多行不義所帶來的必然後果。然而，當人們嚴格地遵守了種種禁忌，虔誠地完成了種種儀式之後，仍然沒有得到應時的雨水時，人們便不能不從自身的反省，轉向對神靈的懷疑。當然，這裡也有一個不變的前提，即神靈本身是靈驗的，出現了不靈驗的結局，肯定是「神神」遭到了某種來自人類社會的破壞的結果，如下榆泉三聖爺的腳底板被粗心的縣官鑽了一鑽之類。人們在講述這些神像的種種禁忌，為神像的不靈做出種種開脫之時，最終還是將責任推給了自己。在迷信的國度裡，人永遠是神的替罪羔羊，這一點，古今中外，沒有例外。

㈣有關祈雨禁忌的傳說

民間祈雨常有很多禁忌，能否遵守禁忌，常被視為祈雨成敗的關鍵。一旦決定祈雨，整個村落便會自覺地進入到一種非常狀態：女人不能在廟院裡東走西竄，賣肉的攤販會自動休業，路人會主動摘下草帽，禱雨者會自覺地潔身沐浴、節膳斷葷。其實，民間禱雨的禁忌遠遠不只這些，它幾乎涉及到男女老幼、衣食住行等各個方面。為了使人們嚴格遵守祈雨活動中的社會秩序，確保祈雨活動不致遭到人為破壞，民間還流傳有許多有關當地祈雨禁忌的種種傳說。這些傳說講述的不是因遵守禁忌給人們帶來何種好處，而是從相反的方面告誡人們不遵守禁忌將會給自己帶來什麼惡果。這類傳說在維護祈雨活動中的社會秩序，發揮過相當重要的作用。

先看一則有關因違反祈雨禁忌而遭到制裁的例子。一個曾參與過取水的老者對我講過這樣一件真事：有一次他們村祈雨，一個年輕人在齋戒期間回了趟家，保水的知道後，只是惡狠狠地瞪了他一眼，小伙子這才意識到事態的嚴重，他想通過自己的虔誠將功補過，但這一切都無濟於事。這一次，人們沒有取到水。人們將一切的怨氣都發洩到了小伙子身上，並認為沒有祈到雨的原因，肯定是他在家中接觸了自己的女人。直至今天，當人們提起這件事時，對小伙子仍耿耿於懷。

作為祈雨的參加者應該遵守祈雨禁忌，作為沒有參加祈雨活動的常民，只要是在祈雨期間，也應該遵守相關禁忌，否則也會給自己帶來不利。一則傳說說，某村出馬，路過某鎮時，對方就是不接待，結果沒過三天，一場山洪下來，就給這個鎮沖了。這些傳說的主題十分明顯：誰怠慢了「神神」，誰就會受到相應的懲罰。

與求子、求平安等宗教儀式不同，民間祈雨活動最突出的一點是它的群體性。它所需要的大量經費也將按著取之於民、用之於民的原則，用於整個祈雨活動。但這種耗資巨大的民俗活動，無疑也是那些鄉紳惡霸搜刮民脂民膏的好機會。利用祈雨過會搜刮民財，常常成為一些地方屢禁不止的頑症。因此，在民間祈雨組織中，通過何種體制，進行怎樣監督，才能確保資金不會外流等問題，會被經常提到議事日程。但僅有這些還遠遠不夠，作為補充手段之一，民間還經常通過傳說甚至個人經歷故事，強調挪用善款的惡果，從信仰層面上阻斷歪風邪氣的蔓延。在山西進行善款監管調查時，人們常和我提起這樣一件事。說在一次過會時，會計用會上的錢去押寶，一下輸了百八十元，結果得了肚子疼的病，死了。他們說這是件真事，並說對敬神的事誰也不敢貪汙，貪汙者不得好報。

祈雨活動中的禁忌是很多的，但在這諸多禁忌中，對龍王爺不敬是最大的禁忌，誰對龍王不敬，誰就會受到嚴厲懲罰。來自山西的一則個人經歷故事說，1942 年幹部下鄉，有個姓 C 的不信神，把「神神」身上披的黃袍當了裹腳布，可沒過幾天就得了精神病。沒辦法，民兵只能將他捆起。可他自此不吃不喝，沒幾天就死了。人家說，這都是他脫黃袍造的孽。

另一則傳說說，中華人民共和國剛成立時，政府主張男女平等，一開會男男女女就會擠滿一屋子，結果弄得沒地方坐。有個姓 L 的人，是個小幹部，膽子大，就將龍王鋸成木墩子，讓每個人坐一塊。後來 L 遭了報應。據說有一次他正在場院打麥子，村西刮來一股大風，把他給刮了。過八月十五，他和家人吃西瓜、月餅。吃完了，他假裝躺在炕上睡覺，也沒叫自己老婆知道，就用剃頭刀割了脖子。多虧發現得早，醫院把他救活。可過了一段時間，他又用同樣手法自殺，送到醫院沒幾天就死了。這是五〇年代合作化時期的事。通過這件事，人們覺得龍王還是具有神性的，他割了龍王爺的頭，龍王爺就割他的頭。這些故事告訴人們對龍王不敬的後果是嚴重的，這種報應的終極結果就是命喪黃泉。

這類個人經歷故事在一定程度上維繫了祈雨過程中的社會秩序。從故事中我們也很容易看到，歷史上，在神祇面前，人的地位相當低，祈雨活動中種種禁忌的設定，說到底都是為了維護神的尊嚴、神的利益和尊神過程中的種種規矩。為達到這一目的，人們最常使用的方法便是用「事實」說話，用事實來說服並打動人，即所謂「事實勝於雄辯」。從上面的例子中也可以使我們明顯看到，一般的祈雨傳說大多屬於那種比較狹義的「民間傳說」，而祈雨禁忌傳說則大多屬於個人經歷故事。出現這種差異的原因是因為祈雨成敗，關鍵在於是否能夠嚴格遵守祈雨禁忌，而強調禁忌重要性的最佳方式之一，便是用事實說話。個人經歷故事中的那種時間、地點、人物、事件、原因、結果都有案可稽的敘事方式，為祈雨禁忌的宣傳，找到了最佳的切入點。這種敘事模式，在宣傳龍王信仰，維繫宗教秩序方面，確曾發揮過相當重要的作用。

這些個人經歷故事所選素材的真實性是自不待言的，這也是這類傳說故事在民間能廣泛流傳，並為世人信以為真的原因之一。但這並不能因此而證明這類傳說故事沒有問題。事實上，這類傳說故事的真正問題在於，講述者為了強調龍王的尊嚴和龍王崇拜的不可抗拒性，人為地將本無因果聯繫的兩個事件，強拉硬扯地「聯繫」起來，從而使個人故事「迷信化」。舉例來說，接待出馬與村落遭災，挪用善款與得病而亡，扯袍裹腳與患了精神病，這兩者之間很難說有什麼必然聯繫，但由於民眾觀念中報應思想已是根深蒂固，一旦有人做錯了什麼，人們就會立刻將目標鎖定在他的身上，並拭目以待，等待著天懲的到來。一個人不可能總是一帆風順，一旦遇到什麼麻煩，人們就會立刻將這本不相關的兩件事連接起來，一個生動離奇而又叫人不得不信的報應故事就這樣誕生了。

這類傳說從表面來看似乎都是真實的，但事實上，主觀色彩相當濃厚。僅從傳說所體現出的人對神靈所犯錯誤程度與人受神靈處罰力度的對應關係，也很容易看出講述者本人的評判尺度：一個人因沒有遵守祈雨禁忌，其結果只是不能得到如願的雨水；一個村落如果不熱情迎接出馬遊雨者，頂多只能落得個被洪水沖刮的下場；但是如果你侵吞了廟產，或撕袍劈像，致神靈於死地，其後果勢必會受到龍王的嚴懲，且必死無疑。這說明民間故事的講述者們在編撰故事的過程中，已經將自己的主觀願望深深地融入到了所述故事之中，他們所述故事的基本情節可能是真實的，但由於這種主觀色彩的大量介入，已使這些「真實」故事毫無真實可言。在此，我們並無意批評轉述者在民間故事講述過程中的情感介入，因為事實上，民眾在講述故事的過程中，並不在意故事的真偽，他們所關注更多的還是故事本身的說服力度。只要這些故事有利於維護正常的祈雨秩序，使乾旱的莊稼能夠早日得到充足的雨水，假的故事亦可以當真。這是故事的功能，也是宗教的功能。

在個人經歷故事中，人們將自己身邊的真人真事作為故事素材，目的之一，就是想藉此增強故事的說服力。這也是所有禁忌傳說的一個突出特點。在人類尚無法戰勝自然之時，造出種種尊神，並求得他們的保佑，這一點無可厚非。但是，當科學昌明，人們已經從根本上了解了雨水形成的真正原因之後，還抱著這些古老的因果報應故事不放，未免就顯得有點過於天真了。

最後，讓我們再來看看傳說與個人經歷故事的關係問題。在教科書中，人們很容易將傳說與個人經歷故事區分開來。但在民間社會中，要想做到這一點則是很困難的。為了說明這個問題，我們不妨再來重溫一下前面舉過的一個例子。

在山西朔州市肖西河底村，劉璧老人給我們講述過這樣一則故事：從前，從東榆林村來了一個化布施的，找到肖西河底村大財主劉偉要錢。劉偉對著來人財大氣粗地說：「祈雨哩，我糧食可多哩，屋裡堆得滿滿的，院裡盤倉子，就是不給布施。」要布施的人回去後，把劉偉的話寫在紙條上，壓在了峪溝（離肖西河底村二十～三十里）雨神高老爺的塑像下。結果，第二天別的地方下的是雨，肖西河底村下的則是雹子，把莊稼全打了，劉偉家的院子也被水沖了。

據劉璧老人說這是件「真事」，為了證明這個事件的真實程度，劉璧還為我們準確地指出了劉偉家被山洪沖毀的房基遺址，人證物證俱在，令人堅信不移。但當我們在山西其他地區調查祈雨故事時，竟然也發現了不少結構完全相同的故事類型❾，筆者這才開始對這則傳說的真實性產生了懷疑。

從上面這個例子可以使我們看到，許多被村民當作「真事」傳播的傳說故事，儘管六大敘事要素一應俱全，只要不是講述者親歷，都不能算是個人親歷故事，而只能算是一般的民間傳說。產生這類準個人經歷故事的原因主要有兩個：

一是文化的相對封閉。歷史上，中國是個以自耕農為主體的農耕社會，這種模式的基本特徵就是自產自銷，他們無需更大的社會空間，只要有上三畝地一頭牛，就足以維繫一家人的正常生活，絕大多數人不可能也沒有必要知道外部世界會是怎樣一回事。在這種封閉的文化環境中，一旦有故事通過某途徑傳入，人們就會將它與本地曾發生過的某些軼事迅速「連接」起來，並以「本地故事」甚至「個人親歷故事」的名義傳播開去。

另一方面，個人經歷故事的產生也是本地區龍王信仰傳承的需要。在常態情況下，民間信仰通常是依靠傳說來維繫的，但在那些「真實程度」有限的傳說、故事不足以維繫龍王信仰的穩定性時，人們便會採用更具說服力的「現身說法」或「真人真事」來教育、感化社會，由於個人經歷故事是所有敘事體文本中可信度最高、說服力最強的敘事文本之一，

❾ 臨汾地區民間文學集成編委會編，〈倒了侯百萬，發了大馮灘〉，《堯都故事》第二輯；渾源縣民間文學集成編委會編，〈龍王怒懲吳萬良〉，《渾源縣民間文學集成》；太原古交區民間文學編委會編，〈水沖安殿梁〉，《太原古交區民間文學彙編》。

藉它來說事，本在情理之中。

與祈雨謠等祈雨文本不同的是，龍王傳說雖與祈雨活動有關，但並不直接參與祈雨，不是祈雨儀式中不可或缺的某一環節，也不是祈雨活動中必不可少的應用文本。它只是在闡釋和說明著與龍王信仰有關的民俗事項的來龍去脈，強化和維繫著龍王信仰的傳承。而這一點是幻想性較強的「瞎話」（童話故事）所難以勝任的。在有關龍王信仰的敘事文本中，我們所看到的更多的是令人信以為真的傳說和個人經歷故事，而不是充滿幻想色彩的童話，原因就在這裡。

第二節 祈雨碑文的特點、分類與功能

只要我們承認祈雨文本的實用性，我們就很難否認它們所具有的史料價值。傳說及個人親歷故事自不必說，就是用韻文形式記錄著「此時此景」的祈雨歌謠，也蘊含有不可否認的史料價值。但這些文本樣式畢竟不是為記錄歷史而生，因此，其史料價值是極為有限的。與上述文本形成鮮明對比的是，民間祈雨碑文的功能就是記錄歷史，因此，它在龍王信仰史的研究上，具有著無可替代的價值。

祈雨碑文所刻錄的大都是建廟、祈雨的過程，反映的都是當時或此前發生不久的事情，時間、地點、人物、事件、原因、結果……，幾乎所有敘述文本應該具備的敘事要素它都一應俱全，史料價值不容置疑。

與傳說故事、祈雨謠辭不同，祈雨碑文具有許多其他文本並不具備的特點。

首先是祈雨碑文的準民間性。

一般而言，祈雨碑文的作者大多不是普通民眾，而是當地文人、地方官員或鄉間紳士。從史料學角度看，這無疑也是民間文本；但從民間文學角度看，它又具有某種官方色彩。這些民間碑文不但文風與民間文本有所區別，就是在記錄內容等方面，與民間文本也有一定差距。它所體現的更多的是鄉間紳士、地方官員眼中的民間社會、民間情感和民間意志。

其次是它的公告性。

碑文的刊刻者十分強調碑文的公告效應，即「書之石以告來者」⑩，刊碑者希望人們通過碑文的瀏覽，大致了解到該廟宇輝煌的歷史，所供神靈的神通廣大，里社制度的嚴謹完備，並藉此增進該祈雨組織的凝聚力、向心力與自豪感，並心甘情願地交出自己的布施，真心實意地成為這一神靈的忠實信徒。

第三是它的永存性。

在我們所見到的碑文中，相當部分都是有關捐助善款的功德碑。上面不但刻有捐助人或捐助里社的名字，而且還清楚地標示出捐款人的捐款數額。古人將它勒石碑上，目的就是要借助碑石經久耐磨的特性，弘揚善行，激勵來者，並讓

---

⑩ 山西陽城北崦山白龍廟《補修關帝殿並重建高樓東廊上下二十四楹西廊後牆開渠碑記》。

它萬古流芳。古廟碑額或碑尾處常綴以「永垂不朽」、「永垂千古」或「永世流芳」等字樣，直觀而明瞭地表現出了樹碑人的行為意圖。許多民間廟宇建築及民間祈雨過會方面的資料，之所以能保存至今並成為我們案頭的重要參考，與碑文的這種特殊傳承方式是分不開的。

這些特點，使碑文具有了許多與眾不同的文化史價值。

從內容看，龍王廟碑文大體可分為以下五種類型：

第一類是有關龍王廟建築史的史事實錄碑。

對廟宇建築及修繕過程所進行的實錄是龍王廟碑文最常見的主題。這類史料無論官方還是民間社會均不多見，碑文幾乎成了它的唯一載體，在廟宇建築及修繕史研究上具有重要而獨特的參考價值，甚至可以說，沒有碑文紀錄，就不可能有這些民間廟宇建築史的研究。下面，我們僅以北崦山白龍廟建築、修繕過程為例，看看碑文在記錄廟宇建築史上的特殊作用。

白龍廟興建於唐，據〈重建白龍祠記〉記載，「自李唐武后長壽壬戌歲（即西元 692 年前後），肇有白龍神祠」⓫，算起來，此廟至少已有一千三百餘年的歷史。在這漫長的歲月中，北崦山白龍廟曾經歷了金、元、明、清多次翻修，規模逐步擴大，並在清代基本定型。從規格上看，北崦山白龍廟歷史上受過皇封，作為龍王廟，其建築規模名冠華北之首。

⓫ 歷史上沒有「李唐武后長壽壬戌歲」，此「長壽壬戌歲」恐「壬辰歲」之誤，時間應是西元 692 年。

但就是這樣一座遠近聞名的廟宇，在浩瀚的典籍中，我們卻很難找到它的蹤影。反映這一歷史的唯一史料，只有保存至今的幾十通歷代碑刻。這些碑文雖不乏演繹成分，但基本上真實地記錄了歷史上北崦山白龍廟的興衰過程。

這裡現存最早的碑文是刊於金泰和年間的〈復建顯聖王靈應碑〉，時間大約在西元 1201 年前後。其實，在此之前，白龍廟不可能沒有碑文。據〈復建顯聖王靈應碑〉作者雙溪遺老韓士倩介紹，韓士倩刊刻此碑動因，正是因為劉村信士發現的幾尊埋藏於沙礫中的殘碣。為記載這件奇事，也為了能讓後人從這幾塊新發現的殘碑中知曉更多的有關白龍廟的歷史，韓士倩才刊刻了〈復建顯聖王靈應碑〉。使我們有可能對白龍廟的肇興過程，有一個大致的了解。據刊者介紹，周世宗顯德元年（954 年），白龍爺「真相變現」，此後「廟像愈興」。「至宋太宗朝丙子太平興國三年，斯池上現本形數十丈，飛騰而去。朝廷聞之，增封顯聖王，載在祀典」，「逮本朝，諸縣邑鄉社宦僚士庶四時修香火、潔粢盛、肴核豐、腆籩豆，靜嘉相，先而祭者，百餘村駢肩接式，盈山遍野，綺繡交錯，歌頌喧嘩，蜂飛蟻亂，逾月不衰」，可謂盛況空前。現在學者研究北崦山白龍廟早期歷史時所使用的資料，基本上來自這則碑文。它大體反映出了金泰和以前北崦山白龍廟的真實面目。

刊刻於元大德元年（1279 年）的〈重修顯聖王廟記〉，記載了元代元貞、大德年間對北崦山白龍廟所進行的一次大規模維修，這次維修「自元貞二年春經始，至大德元年丁酉夏告成，正、獻二殿榱桷翬飛，池、舞兩庭簷楹輪奐，壓欄、楹柱、池甓，悉更之以石，期年之間，刮目一新」，一改廟宇「積年上雨旁風，潋漏幾毀，楹腐而亭攲，甓壞而池隳」的舊貌。

明代，是北崦山白龍廟拓展最為致力的一個時期。由於白龍的屢屢「顯靈」，白龍廟香火日盛，「舊祠僅三間五架，皆木柱，隘狹不堪奉祀。天順庚辰春，邑宰湖廣黃岡劉公以文，彥章字也，欲恢弘神宇，創塑神像，命增村耆民陵謙董治其事。重建前後二殿，俱五間七架，易以石柱」。這次大修，顯然擴大了白龍廟廟宇規模，從白龍廟現有規模分析，它的基本構架，甚至包括廟宇神龕內的塑像，實際上都是在這一時期定型的。由於規模宏大，所以這次修繕「名雖重修，功同創始。而斯祠之廟貌神像，煥然維新」。明代賜進士出身嘉議大夫浙江提刑按察使前刑部主事析城楊繼宗撰寫的〈重建白龍祠記〉，如實地記載下了明代這次大興土木的過程，為我們了解明代北崦山白龍廟的發展概況，提供了有益幫助。

1616 年，滿族入主中原。與他們所奉行的民族政策不同的是，在宗教信仰上他們肯定了中原傳統文化的價值，龍王信仰得以保留，許多廟宇的香火甚至勝過從前。從碑文可以使我們得知，清代白龍廟的大型維修不少於八次。

隨著北崦山白龍廟香火的鼎盛，白龍廟規模也在不斷擴大，在對白龍爺單一神祇祭祀的基礎上，配祀神也在不斷增加；其次，隨著過會規模的不斷擴大，祈雨過會用的社房、齋宮、官庭、四紳館、四耆館等輔助性建築也在不斷增加，它們不但清楚地記錄了修建的時間，同時也翔實地記錄下了不同時期的建築規模，為我們全面了解北崦山白龍廟的歷史，提供了翔實的依據。如果沒有碑文，想還原北崦山白龍廟的建築歷史，則是相當困難的。

第二類是祈雨活動實錄碑。

祈雨是龍王廟的基本功能，也是所有龍王廟最主要的文化特徵。儘管在龍王廟發展史上，隨著祭祀規模的不斷擴大，配祀神也在不斷增加，但布雨龍王始終占據著主導位置，這一點無人置疑。為「敘本末，使後人欽其威，仰其德，嚴其祀」⓬，一般龍王廟的碑文都十分重視對所祀龍王神異靈性的紀錄。

〈復建顯聖王靈應碑〉是北崦山白龍廟現存最早的一塊有關祈雨的碑文，碑文作者對白龍爺神奇靈性的讚美，正是通過歷史上曾經發生過的一段「真實」故事表現出來的：

> 明昌壬子歲，自冬經春無雨，民廢穡事。前許福躬發誠懇，前詣取水。度日清齋，三步一禮，行達廟庭。出三門，立東隅，彷徨四顧，未得求水去所。忽有大蛇丈餘，墮步武間，赤睛玄吻，縞色花紋，盤屈不動，就福外踝摩拭，面目似有所告。福驚懼曰：「尊神化現，

⓬ 詳見山西陽城北崦山白龍廟〈復建顯聖王靈應碑〉。

如此暴怒，小民等焉敢時來?」禱請畢，引首上東廡，延及門裡，下舞庭。時有數村人在廟焚香拜謝，公水竇出，下至池南。福又曰：「此處莫是取水處?」即化滅不見。福乃就燥土礓石，地掘土宮，覆之。須臾，水潮泓澄清潔。挹十一杯入瓶，即日擎擔。後二日，至本社應王殿上奉事。未久，如風聲發雙瓶，搖動水溢，流泛盆缸，几案盈滿，即時乃降。是後至丙辰□（維）夏中旱，福依前禱請，又獲感應。及今壬戌春夏，暵旱尤甚，豆麥秀而不實，禾黍而不秀，居民惶惶，咸不聊生。福乃棄生計，如前齋禮，再詣本廟禱請。至七月初五日得聖水，即時陰雨蒙蔽。翌日回路，每到頓徑由及來迎接村外，悉蒙膏潤。越八日上殿，甘澤告足，餘村殊不沾灑靈乎哉！……如此之靈，古未聞也。

為強調白龍爺的靈異，這段文字在後來刊刻的〈重建白龍祠記〉中也有記述。

對祈雨靈驗的追述，是祈雨碑文，特別是所謂「感應之碑」的常見主題。山西垣曲縣黑龍廟中一通刊立於元至正八年（1348 年）的〈感應之碑〉就很有代表性：

□正七年六月十有三日，余來監晉寧之屬縣垣曲。是時，河東郡邑春夏亢旱不雨，公私無措，垣亦與焉。

及三日，遂訪於耆老而曰：城西南四十里大山之巔，其下有石池，名曰黑龍潭，疇昔禱而有感焉。翌日，齋戒獨往，默禱於祠，期於神，明日即雨，合境乃足。

需要指出的是，儘管作者反覆聲稱這些碑文都是「摭實以紀之」，但我們仍能很明顯地感觸到這些碑文真實中的虛妄，能夠體味到傳統的、具有相當迷信色彩的思維模式對古人的影響與制約。面對諸多附會，我們只能這樣說：儘管作為第一真實，「神龍」並不存在，但作為第二真實，它又確確實實地存在於古人的頭腦之中，並時時支配著他們的行為方式。為什麼會出現這種情況，這正是需要我們探討的課題。

第三類是廟事活動鄉規民約碑。

應該說，與世界許多國家相比，中國古代的法律制度是比較完備的。但在以禮治國為基本特徵的國度，法律的制定主要側重在社會基本面——即常民日常社會生活的法律規範上，至於與宗教有關的法律規範，在國家的律令中則很難看到。

作為官方法律的補充，與祈雨等民間廟事活動有關的民間習慣法正是這時堂而皇之地出現在了廟宇碑文中。其內容包括過會的規矩，廟產的維護，善款的管理等等，其主要目的就是要打擊擾亂廟會活動正常秩序及利用過會巧取不義之財的行為。如山西陽城北崦山白龍廟的〈邑侯青天楊老爺斷明四社各遵照合同舊規德政碑〉，便翔實地規定了各社的取水時間及有關規則，成功地解決了困擾當地多年的取水糾紛。

作為禮儀之邦，人們對於廟產的保護，習慣上是通過道德教化等方式進行的。但事實上，這種教化只適用於教民，在百無禁忌的地痞無賴面前，教化往往會顯得蒼白無力。作為教化的補充，民間社會也常常利用民間習慣法的強硬手段，打擊貪汙腐敗、擾亂滋事以及侵吞廟產等行為。立於山西洪洞縣霍山水神廟中的〈水神廟祭典文碑〉，比較客觀地反映了歷史上當地有識之士立碑勒石的動機。

勒石於碑的民間習慣法還多與廟產有關。如陵川縣嶺常村龍王廟中的〈重修碑記〉就記錄了這樣一條民間習慣法：「一議，永禁松坡牧放牛羊，違者重罰。」山西垣曲縣黑龍廟中的一通碑文規定得更為詳盡：「三社公議禁止：廟圪塔上草木，人等不得損傷，牛羊不得上山。如若上山損傷，拿住一個，罰錢一千，拿獲者得錢六百，四百入官。倘有不遵法規者，公治稟官究治。」

有時刊刻在碑上的民間法律條文也涉及到過會。歷史上，山西陽城北崦山白龍廟廟會期間，一些無賴戲班可能會以戲錢少為由臨時罷演，要求廟中執事或社首增加出場費用。為制止這種不文明行為，縣令楊時煥在撰〈重修正殿香亭關帝廟高樓東社房樓碑記〉時，以民間習慣法的形式明確重申：「宣統元年四月初三日，邑侯李大爺奉御祭命駕臨此山面諭：顯聖王殿前演戲，不准濫索戲捐錢文。遵諭勒志，違者稟究。」以民間法的形式，強調了北崦山祈雨唱戲的嚴肅性。

在中國傳統社會中，雨神龍王的神格並不高，所以，據許多縣誌記載，每年專門用於祭祀龍王的花銷少得可憐。但實際上，由於連年乾旱造成的水資源的匱乏，卻使龍王的神格地位在民間一升再升，每年專門用於祈雨的花銷數量也大得驚人。這些花銷包括購買祭品、供品的費用，祈雨唱戲的費用，祈雨取水的費用，出馬的費用，修繕廟宇的費用，披紅掛匾的費用等等，以今天的物價指數計，捨去廟宇修繕等重大支出不提，一次大型祈雨活動的花銷，總要在萬元以上。這對於幾十年前的貧困農村，無疑是一筆相當大的開支。許多村落不輕易祈雨，一方面是因為人們相信祈雨對社首的陽壽會帶來致命傷害，不到萬不得已，不會主動祈雨⓭，其次便是經濟上的原因。因此，祈雨多發生在旱災嚴重的荒年。乾旱不僅意味著歉收，有時甚至意味著絕收。此時籌集鉅款，百姓難處可想而知。但是，為了雨水，為了收成，虔誠的人們還是將手中不多的積蓄掏了出來。

面對非常環境，很容易使人摒棄雜念，忽略常態環境下人們最為關注的經濟問題。於是，祈雨出馬便常常為某些官員或鄉紳們聚斂錢財、魚肉鄉里提供了機會。為抵制腐敗，以民主管理為基本特徵的里社制度常在祈雨場所立碑警示，嚴禁過會期間營私舞弊。

第四類是善款捐獻功德碑。

捐獻功德碑是指為在廟宇修建、修繕或過會祈雨等重大

⓭ 應長裕著，〈奉化龍俗調查〉，《民間文藝季刊》，1990年3期。

民俗活動中捐獻錢物、財物或人力畜力的有功者篆刻刊立的紀念性碑文。上面不但記有捐助者的姓名，而且還詳細標有人、錢、物的具體數額。

在傳統社會中，人們十分注重功德，樹立功德碑對於維護社會傳統道德觀念，教人行善，都具有一定的現實意義。這些碑文不但可以使我們了解到當時社會的經濟情況、募捐方式，而且還可以使我們了解到當時廟宇的興建規模、物價指數等等。

第五類是善款管理說明碑。

過會結束或社首卸任，許多地方都要將任職期間的經費往來做出明確交代，並勒石碑上，以示清白。這類碑文與功德碑有相近之處，即它們所記錄的都是與祈雨過會有關的經濟問題。不同之處在於前者記錄的是善款的捐獻情況，而後者記錄的則是善款獲得後的使用情況，這些資料對於我們深入了解歷史上不同時期的市場行情、民間組織的用款去向、善款的民主管理等等，都有重要的參考價值。

從上面的分析中可以使我們看到，民間祈雨碑文的文化功能主要集中表現在以下兩個方面：

一是復原歷史的功能。凡廟宇碑文，大多是鄉紳社首或地方官員在廟宇竣工、戲臺落成或祈雨成功之後撰寫的紀實性敘事文本，這類文字雖不乏慷慨抒情者，但作為碑文的主體風格，強調的仍是客觀實錄。通過碑文，我們不但可以明瞭歷史上廟宇興建、重修或祈雨的整個過程，而且還可以使我們通過碑文詳盡了解到當時農村社會民間組織的組織營運方式、經濟營運方式，這對於我們研究華北廟宇史、祈雨史、民眾生活史，都具有一定的學術價值。

近年來，與祈雨有關的戲曲文化史的研究取得了不小進步，也發表了一批先期成果。其中廟宇史學研究所依託的學術資料，除極少部分來自地方史志外，絕大多數都來自田野作業對碑文內容的整理與挖掘。甚至可以這樣說，有無碑文，幾乎成為能否對有關廟宇進行史學探討的前提和條件。

當然，在肯定碑文真實性的同時，我們也應看到它反歷史的一面。一般的感應碑，只在祈雨成功之後刊刻，「以表神龍之功」⓮，但倘若祈雨未應，則從不立碑。這樣一來，它就會誤導民眾，讓人們以為只要祈雨就一定靈驗，從而導致迷信活動的日趨猖獗，客觀上篡改了歷史，為我們的研究設下重重美麗的「陷阱」。其次，由於世人勒碑立石的目的在於歌頌龍王的功德，因此，碑文中就很難避免有阿諛奉承之辭，這些不實記錄和刻意誇張，客觀上也助長了迷信活動的蔓延。這些反歷史主義的因素，都是我們在研究和利用這些碑文資料進行學術研究時所必須注意的。

此外，祈雨碑文在維繫社會秩序、規範社會道德等方面也曾發揮過重要作用。在維繫社會秩序，特別是在維繫有關過會等宗教活動的社會秩序方面，以懲惡揚善為主旨的民間

⓮ 詳見山西垣曲縣黑龍廟元至正八年（1348年）刊立的〈感應之碑〉。

傳說及個人經歷故事確曾發揮過重要作用，但這種作用僅限於輿論監督的本身，而不可能以強制的方式從根本上解決問題。相反，民間碑文卻可以作為民間習慣法的布告欄，以法律形式直面社會糾紛。這種獨特的文本形式在處理訴訟、懲惡揚善、整合與穩定社會秩序等方面，都發揮過積極作用。

第三節　祈雨謠辭的分類與功能

在祭祀儀式中禱告是必不可少的。禱辭有有韻與無韻之分。在祈雨儀式中，我們常把有韻者稱為「祈雨謠」，而把無韻者稱為「祈雨文」。兩者的作用相同，但創作和誦讀者並不相同，應用的具體場合也有區別。一般而言，祈雨謠是指在民間祈雨活動中，由祈雨參與者們唸誦的韻文體禱辭，而祈雨文則是由祈雨的組織者、僧人或文人學士在祈雨儀式上朗讀的以散文體為主或散韻相兼的祈雨禱辭。

一、祈雨謠的產生、主題與功能

在乾旱少雨的華北地區，出於祈雨需要，祈雨謠不但數量可觀，而且歷史久遠。在原始社會的祈雨儀式——雩舞中，就已經出現了相應的歌謠，儘管歌詠的內容我們尚不很清楚，但我們相信那應該就是原始的祈雨謠辭。

利用歌謠祈雨，源於古人對神靈的理解。在他們看來，老天爺或是龍王，只是一個具有人格力量的異已，只要你求

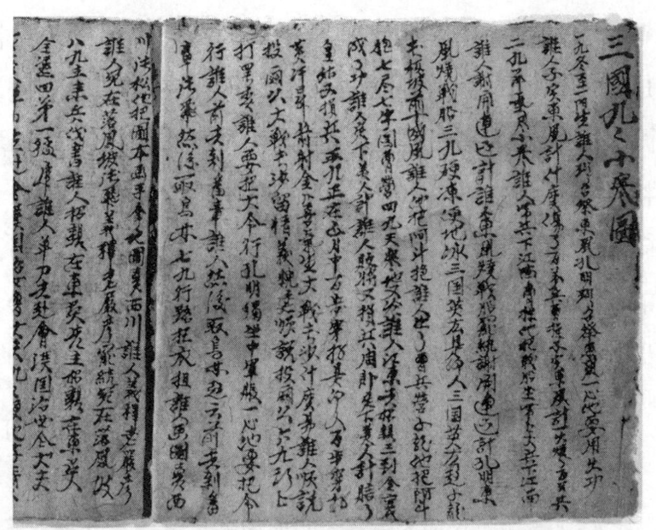

5–3　山西河曲縣坪泉村于貴榮老人收藏的祈雨文本。

他、向他哭訴，他就會為之動容，普降恩雨。因此，祈雨謠的大部分內容都是哀求。這一點與具有一定巫術性質、力圖通過語言魔力戰勝自然的巫辭有較大差別。

在使用背景上，祈雨謠比較靈活。在整個祈雨過程中，只要老百姓喚雨，脫口而出的多半是祈雨謠，當然，在由民間里社組織的祈雨儀式上，獻祭之後的禱告辭，也多是當地最為流行的祈雨謠。通過禱告讓神靈們知道獻祭者是誰，他們獻祭給誰以及為什麼獻祭。這一點與世人送禮有一定的相似之處。

從祈雨謠所展示出的內容看，由於祈雨對象不同，人們在祈雨謠中所祈求的對象也有差別。有的地方祈求的是老天爺[15]，有的地方祈求的是菩薩[16]，有的地方祈求的是方神空望佛⑰，有的地方祈求的則是玉皇⑱，當然更多的地方祈求的還是龍王。《帝京景物略》卷二所載「青龍頭，白龍尾，小兒求雨天歡喜。麥子麥子焦黃，起動起動龍王」的祈雨謠，就將祈禱的對象直接定位到布雨的龍王。

向龍王哭訴因乾旱造成的民間苦情，祈求龍王布雨，是祈雨謠的重心所在。流傳在山西靈石縣的一首〈祈雨歌〉，就很明確地表現出了這一主題：

---

⑮ 韓忙籽口述，張振南整理〈祈雨詞〉：「老天老天，赤子可憐。旱壞莊稼，乾了菜園。曬死香老，餓死水官。清風細雨，多下幾天。」長子縣民間文學三套集成編委會編，《長子縣歌謠諺語集成》。

⑯ 〈祈雨謠〉：「菩薩菩薩，腳蹬蓮花，手拿楊柳，灑遍天下。」據採錄者王吉文介紹，兒時，天遭大旱，曾隨同村民，去曲沃西海祈雨。頭戴柳條帽，手拿水葫蘆，一路敲鑼打鼓，抬著神像，口裡唸著〈祈雨謠〉。從那時記下了這首歌謠。詳見臨汾地區民間文學集成編委會編，《堯都歌謠》。

⑰ 李世斌口述，朱亞莉搜集的〈祈雨歌〉這樣詠誦道：「空望佛，下大雨，下了大雨救萬民。」山西介休民間文學集成編委會編，《介休民間歌謠集成》，山西人民出版社，1991 年版。

⑱ 宋以政搜集〈求雨歌〉：「墊圪叉叉，墊圪叉叉起，東虹發雷西虹起，南虹起了下大雨，大雨下到俺地日，小雨下到俺院日，圪細細雨下到俺茅圪老老日，門神爺，土地爺，上天告給玉皇爺，扳倒瓶瓶下上些，下了努起肚肚來，不下了蹺起腿腿來。」平遙縣歌謠集成編委會編，《平遙歌謠集成》。

一拜天，二拜地，
三拜龍王請土地，
天黄啦，地乾啦，
豌豆麥子曬乾啦，
有錢家的人饃饃圪塔填煞啦，
沒錢家的人清水米湯灌煞啦，
放羊小子滾坡啦，
盤頭女子跪下一堆一院啦，
守寡老婆子沒人奉養啦，
土地爺上天稟告雨司爺，
搬倒水瓶撒一些，
下大雨，獻大盤，
下小雨，獻小盤，
撲淋淋雨下上三天三夜三早上。

在這類祈雨謠中，歌者表現的行為主體不是有權有勢的人家，也不是身強力壯的漢子，而是災害到來時首當其衝的受害者，他們通常是放羊小子、盤頭女子、守寡的老婆子、八十的老人和三歲的娃子。他們是社會的弱勢群體。當然，有時也言及善愚、水官，他們是祈雨活動的主體，也是祈雨活動的實施者，接連不斷的祈雨儀式——尤其是其中的惡祈，已經使他們精疲力盡。祈雨謠反覆提到他們的不幸，說到底，就是為了博得龍王老爺的同情與憐憫。這與民間流行的利用兒童、盤頭女子、寡婦等民間弱勢群體祈雨的心理動機是一致的。

在祈雨儀式中，除祈求外，向雨神懺悔，也是祈雨謠的一個重要主題。正像流傳於山西盂縣南婁鄉攔掌村的一首〈祈雨歌〉所唱到的那樣：「莫怨神，莫怨天，只因人情太不良。」要想得到雨水，就必須首先向雨神懺悔，這是得雨的前提和條件，這種處世哲學在法理上與基督教、猶太教強調懺悔的精神比較接近，但應該說它們各有各的源頭。觀念的相同，源於人們對神人關係理解上的相通。

在中國，利用祈雨謠向老天懺悔以求恩雨的做法至少可上溯到商代。商代的帝王湯帝有許多充滿傳奇的故事，但最具魅力的還要屬歷史上廣為流傳的湯禱傳說，《呂氏春秋》記載了這則故事：「湯克夏而正天下，天大旱五年不收。湯乃以身禱於桑林曰：『余一人有罪，無及萬夫。萬夫有罪，在余一人。無以一人之不敏，使上帝鬼神傷民之命。』」表現出明顯的懺悔精神。「於是剪其髮，磨其手，以身為犧牲，用祈福於上帝。民乃甚說，雨乃大至。」當然，這只是對當時事件的大致記錄，尚不很具體。在這方面，《說苑》則要詳細得多——湯旱而禱曰：

政不節與？

使民疾與？

何以不雨至斯極也！

宮室榮與?
婦謁盛與?
何以不雨至斯極也!

苞苴行與?
讒夫興與?
何以不雨至斯極也!

湯帝從為政最容易出現問題的六個方面不斷反思自己的言行，以求得上天的寬恕。這「六責」合轍押韻，可以看成是中國歷史上被記錄下來的最早的祈雨謠。據傳說，湯帝的言行最後真的感動了天地，終於普降大雨，解救了一方旱情。

天地是否真的因湯帝的祈禱而普降甘霖，作為現代人我想已沒有必要考證。不過，通過這個故事卻可以使我們清晰地感悟到古人對天人之際的理解。在他們看來，自責反省是祈雨的前提，改惡從善是獲雨的條件。惡人是祈不到雨的，能祈到雨的永遠屬於那些至誠至善者。這正應了基督教《新約聖經》中的那句名言:「義人祈禱所發的力量，是大有功效的。以利亞與我們是一樣性情的人，他懇切禱告，求不要下雨，雨就三年零六個月不下在地上。他又禱告，天就降下雨來，地也生出土產。」這就是古人的天人感應觀。

湯禱只是中國文明史上的一支小插曲，但連年不斷的旱災卻成全了它，甚至使它演變成為古代官員的一種祈雨模式。翻開縣誌、野史或民間傳說，都很容易找到歷史上上至朝廷下到地方官員以史為鑑，模仿湯禱的史事。事實上，民間社會出現的惡祈，在本質上與湯禱完全一致，都想通過自責甚至自殘來博得龍王的同情。

在民間祈雨謠中，這一思想也得到了淋漓盡致的表現。在山西河曲縣坪泉村一帶流傳的〈難友拜水歌〉中，拜水的善愚反覆強調的便是「善愚我喪天良，作事理不當，我犯天神律呵，才遭這旱天長。我求天神爺呀，念民是群氓，自負重刑跪拜香，求神開恩長」。以往有人認為這裡的所謂「善愚」，是指「那些不信神，說了神的壞話者」，「善愚」被抓來後，負責祈雨的牢頭「即把難友（善愚——筆者注）的衣服剝光，肩膀上用黃香火頭燙二十四個傷疤，傷疤上再刺小刀多把」，並讓他們「跪在亂石上拜水」，以取得上蒼的憐憫⓳。其實，這可能是個誤解。據我們調查得知，所謂「善愚」，並不是什麼做過惡事的壞人，相反地，在人品上他們都是當地社區的佼佼者。為了讓社區百姓能夠早日得到恩雨，他們才不辭辛苦，當起善愚。因此，這些為民請命的善愚們在當地具有相當高的社會地位。在這裡，「惡祈」的「惡」不是指「罪惡」，而是指「殘酷」。善愚自殘，也不是自己真的做了什麼壞事，而是在冥冥之中感覺到可能是自己或有什麼人做出對不起龍王老爺的事，惹得龍王不雨，故而自殘反省，替民受過，通

⓳ 河曲民間文學集成編委會編，《河曲歌謠集成》，第 170 頁。

過體罰以求得龍王老爺的諒解。

漢代以後，印度佛教的善惡報應思想傳入我國，對民間社會產生了很大影響。但事實上，早在佛教傳入中國之前，傳統的善惡報應觀就已經在中土萌芽。有史料為證——

《周易》云:「積善之家必有餘慶,積不善之家必有餘殃。」

《墨子》云:「天欲義而惡不義。」

《晏子春秋》云:「人行善者天賞之，行不善者天殃之。」

進入漢代，中國傳統的善惡報應觀得到了進一步昇華。漢儒董仲舒在《春秋繁露》中這樣總結道:「災者，天之遣也；異者，天之威也。……凡災異之本，盡生於國家之失。國家之失乃始萌芽，而天出災害以遣告之。遣告之而不知變，乃見怪異以驚駭之。驚駭之尚不知畏恐，其殃咎乃至!」華北地區祈雨習俗中的惡祈行為就是在這樣一種人文背景下產生的。

二、道家祈雨經的來源、內容與功能

祈雨謠的另一種表現形式是由民間道士（巫師）保存並傳唱下來的祈雨經。這些祈雨經有些來源於道家寶典，有些則屬於明顯的臨時發揮。

由於缺少好文人，加之道士對祈雨活動的介入，在某些地區，民間祈雨活動所使用的多是由道士或民間陰陽人傳承的祈雨經。就是在二十一世紀的今天，也仍然如此。出於對祈雨經文的信仰，這類文本很少改動，平時存放在陰陽人家中，只有祈雨時才請出來見見天日。

與後面我們還要講到的文人或地方官員創作的祈雨文不同，道士唸誦的經文永遠是一成不變的，不但如此，就是在具體的唸誦程式上也表現出明顯的程式化特徵。這是因為在祈雨儀式中，祈雨經並不是作為文本獨立存在的，嚴格來說，它僅僅是祈雨儀式的一個組成部分。儀式程式的規範性，直接導致了祈雨文本唸誦過程的規範性。在甘肅省天水市王家溝沱村舉行的祈雨儀式中，陰陽人首先唸誦的是用黃紙寫成的〈抗旱祭風保雨消災事〉牒文，讀後焚化，民間叫「發文」。據說這等於向天神發出的一封 E-mail。接下來唸《請神經》，將與布雨有關的諸神都一一請到，然後才能唸誦祈雨儀式中最重要的經文——《雨經》。

《雨經》包括《太上洞淵說請雨龍王經》、《太上原始天尊說祈雨龍王經》和《靈寶天尊護國祈雨消魔大功德經》三部分，三部經文共邀請各色龍王 130 餘位，各位龍王接到邀請後，「聞是稱善，即現通感。興雲騰雨，遍灑人間」。據采風者安德明介紹，每部經文之後，還要分別附以〈太乙三山祈雨大木郎神咒〉、〈太乙三山祈禱霖雨小木郎神咒〉、〈太乙三山混沌木郎祈雨神咒〉。中云：「木郎神咒，鬼愁神驚。天龍八部盡來臨，嘯風鞭雷霆。滅魃除氛，催雨救蒼生。」通過咒語，督促龍王興雲布雨。安德明在介紹木郎神咒時說得不很具體，似乎每部經文誦過之後，再將〈太乙三山祈雨大木郎神咒〉、〈太乙三山祈禱霖雨小木郎神咒〉、〈太乙三山混沌木郎祈雨神咒〉分別唸誦一遍。但據姚昆侖介紹，這種名為「木郎咒」的祈雨法盛行於清代，它本是一種道家常用的祈雨法。具體做法是在擺好神牌供品後，先誦上一段祈雨疏文，然後焚於神前，接下來才是誠心誦咒。每日三至五次，每次四十九遍，直到雨至⑳。習慣上，唸誦完《雨經》之後，還要唸誦〈風伯雨師雷公電母雨偈〉㉑。民間認為，布雨不是龍王一人所能及的，必須要有風伯雨師、雷公電母的配合才行。

作為祈雨儀式的一部分，祈雨經的唸誦一直在祈雨儀式中進行，脫離儀式，祈雨經就會變得一文不值。也許正是因為這個緣故，在我們所能看到的幾部古代的祈雨經中，經文不但記有唸誦的正文，同時還詳細地記載有祈雨儀式的全過程，這也同樣說明了祈雨經與祈雨儀式須臾不可分離的關係。

三、官祭祈雨文的內容與特點

與祈雨謠本質相同但形式有別的是以散文或散韻參半形式寫成的祈雨文本，民間稱「祈雨文」或「祈雨書」，古代稱「祈雨祝」或「祈雨疏」。由於它多是在有官員、道士以及文人學士參加的大型祈雨儀式上使用的祈雨文本，所以在表現

---

⑳ 詳見姚昆侖著，《道破天機》，第 178 頁，科學普及出版社，1997 年版。

㉑ 轉引自安德明〈渭水中上游地區的農事禳災研究〉(未刊稿)，1997 年 5 月。

形式上尤顯莊重。

與道士所藏祈雨經不同，由文人或地方官員創作的祈雨文講究常用常新，每次祈雨，都要創作出新的祈雨文，人們相信，自己創作的祈雨文更能表現出自己此時此刻的心情。由於強調遵循傳統，祈雨文多用艱澀難懂的古文寫就，就是現代民間社會仍在採用的祈雨文也是如此。

祈雨不是個人行為，它關係到整個社會的各個方面，所以每遇乾旱，州郡府縣的官員們都會出面祈雨。祈雨的組織者們也會聘請一些文筆姣好的社會名流或地方官員創作祈雨文，以期通過他們生動的文筆，如泣如訴的詠嘆，打動上天。歷史上中國著名的文人、官員，如曾在黃州做過刺史的杜牧、出任過袁州刺史的韓愈以及同朝的張九齡、許遠、張說、李商隱等，都寫過祈雨文。

誦讀祈雨文是官方祈雨的一個重要環節，也是祈雨儀式的重要組成部分，就像求人辦事必須說出原委，講出要求一樣，祈雨文的重點也在於反覆強調因旱災造成的民間苦情，這一點與祈雨謠息息相通。當然由於祈雨對象的「官階」不同，人們在祈雨文中所表現出的態度也不一樣。

歷史上，如遇乾旱，都市人中常有向城隍祈雨者。在整個祈雨過程中，地方官與城隍之間的關係顯得極為微妙。一方面，城隍是神，地方官員不敢不恭；另一方面，城隍是「官」，與縣官又是平起平坐的「同僚」，他們雖一在陽界，一在陰間，但也算得上是共同掌管著一方水土。城隍失職，地方官員自然有權提出批評、責難甚至查辦。《縉雲縣城隍神記》就記載過這樣一則故事：

> 唐乾元二年秋，七月不雨，八月既望，縉雲縣令李陽冰躬祈於神，與神約曰：五日不雨，將焚其廟。及期大雨，合境告足。縣官與耆耋群吏，乃自西谷遷廟於山巔，以答神休。

相反地，由於玉皇是中國民間信仰中最高的天神，所以，人們在向他禱雨時，就要客氣得多，也恭敬得多，絕沒有勒令恫嚇的辭彙。

作為祈雨文本，祈雨謠與祈雨文相同之中又有區別。它們的相同點在於兩者都為祈雨而生，功能與價值主要體現在祈雨活動中，失去這個功能，也就失去了祈雨文本的存在價值。但從另一方面看，祈雨謠儘管也應用於祈雨活動中，但主要的並不是應用於祈雨活動的主要儀式上。作為民間文本，在有官員和專業巫師參加的祈雨儀式上是絕不能登上「大雅之堂」的。它們只能應用於儀式前後群眾可以呼天喚地的祈雨過程中。

另外，祈雨經多出現在旱禱儀式中，而在民間祈雨活動最關鍵的環節——取水儀式中，是很難看到唸誦祈雨經的場景的。儘管自唐始，中央政府已經向全國推廣李邕祈雨法，即去龍湫取水的方法，但地方政府官員在祈雨時，使用的仍是在廟宇中旱禱的方法。因此，唸誦祈雨經的場景，我們只有在取水前的旱禱儀式中才可能看到。

由此可見，無論是民間的祈雨謠，道家的祈雨經，還是官方的祈雨文，都十分強調懺悔對人類心靈的淨化作用。這正像《雨經》所說的那樣，「論祈雨之得沐，先要己心正，然後可以合於天心；次要己氣順，然後可以同於地」㉒。所說誠是。這些祈雨文本反覆告誡我們，只有虔誠反省，改惡從善，才能得到上天的回報。因此，祈雨文本對於改善人際關係，整合社會秩序，都具有著十分重要的意義。

當然，我們在注意到祈雨文本所具有的淨化心靈作用的同時，也應看到它所帶來的負面影響：

首先，在大自然面前，它首先否定的不是對方，而是人類自己。它將人類的主觀能動性置之度外，而將自己的一切全部託付給了神靈，使自己成為任人宰割的羔羊。

其次，它擾亂了人們認識問題的路徑。抗旱本是解決人與自然之間的矛盾，但它卻將這對矛盾演繹成了人類自身的矛盾，乾旱來臨之時，不是想法汲水抗旱，而是忙著搜尋厥失，審理冤獄，補恤貧乏，禁屠拒葷，節膳縮食，反省自身，從而貽誤戰機，使人們嘗盡了迷信的苦果。這也是我們當代人所必須意識到的。

㉒ 引自甘肅天水市馬跑泉王家溝沱村李陰陽收藏的《雨經》。

結　語

我們應當如何解讀龍王信仰

將龍王信仰放入生成它的特定歷史環境，用今人的眼光去重新審視這一文化現象時，就會發現龍王信仰的豐富內涵絕不是「迷信」兩個字所能代替的。

對於常人而言，提到龍王信仰，人們就會馬上聯想到「迷信」兩個字。不錯，就龍王信仰的整體而言，這一信仰確實是反科學的，盲目的崇拜不但很容易使人們在戰勝自然的過程中失去自我，並將戰勝自然災害的主動權交付給神靈，同時，面臨災害，由於人們想到的不是如何憑藉自己的主觀力量去戰勝自然，而是首先將災害的產生嫁禍於人，從而使抗旱工作偏離了正確方向，並由此貽誤戰機。特別是在科技高度發展的今天，龍王信仰所帶來的這種負面影響是顯而易見的。但是，我們也應該承認，作為一種歷史現象，它之所以能夠傳承至今，肯定會有它合理的、符合社會發展的一面。那麼，我們該如何在歷史發展的長河中去評價龍王信仰的功與過呢?

鍾敬文先生在談及如何認識歷史時，曾對我說過這樣一段話，他說，要想正確認識歷史，就必須具備兩種眼光：其一是歷史的眼光。所謂歷史眼光，就是必須有歷史的觀點，將歷史上發生過的一切都還原為歷史，並在特定歷史環境中去考察它們存在的意義與價值，任何脫離生成環境去談歷史的做法都是不科學的；其次，必須具備時代的眼光。所謂時代眼光，就是要站在時代的高度，用全新的眼光去重新審視、分析、評價歷史。

的確，當我們將龍王信仰放入生成它的特定歷史環境，用今人的眼光去重新審視這一文化現象時，就會發現龍王信仰的豐富內涵絕不是「迷信」二字所能代替的。在這一信仰中，不但具有著相對科學的一面，同時，它的存在對於維繫社會秩序、淨化人類心靈、增強村民團隊精神、提高人們法制觀念、建立鄉村民主制度等方面，也都曾發揮過積極作用。這些作用也許並不是龍王信仰始作俑者的主觀意圖，但客觀上它確實對社會文明的發展起了推波助瀾的作用。對此，我們不能視而不見。

先讓我們來看看龍王信仰中所體現出的科學精神。正如眾所周知的那樣，祀龍與得雨本身並不具有必然聯繫，僅從這一點而言，祀龍祈雨習俗從整體上說是反科學的，但不可否認的是其中也包含有許多科學的成分在，這一點確實是以往的許多學者所沒有注意到的。譬如，民間祀龍祈雨過程中的所謂「龍行舊道」之說，本身就是對當地來雨規律的科學總結。祈雨取水過程中，人們根據雨瓶上水情況來判斷晴雨，實際上與「礎潤缸濕大雨來」的民間經驗也有異曲同工之妙。在民間，還有一種老善愚祈雨靈驗的說法，這是因為老人、特別是那些當過善愚、身帶刀傷的老人對氣候變化十分敏感的緣故。這些例證說明，在那些通常被人們稱之為「迷信」的祈雨習俗中，同樣具有許多科學見解，只是當時人們的認識相當表象，常常是知其然而不知其所以然，不能從根本上指出這些事物發展演變的規律，最後只能為這些費解的自然現象披上一件神祕的外衣，並使這一具有前科學色彩的民間傳承，最終陷入迷信主義的泥潭。多年來，我們一直試圖利用強制手段根除迷信，但多事與願違，原因就在於我們在否認「迷信」的同時，也否認了民間認為它至為靈驗的——即科學的一面，這種簡單化的做法對於推進科學進步，有百害而無一利。剷除迷信的根本手段不是大棒，而是科學。我們今天的工作，就是將迷信與科學分析開來，還歷史以本來面目。這些古老的科學對於今天高度發達的科技水平來講也許真的微不足道，但它卻清晰而全面地向我們展示出中國古老文明發展的艱鉅歷程。

其次，在分析祈雨習俗文化功能時，我們除應注意到其反科學的一面外，還應注意到作為第二現實，它對社會所發生的積極影響。

華北地區的祈雨活動，絕大多數都是通過巫術行為來完成的。這種做法在今人看來固然可笑，但與對神靈的禱告和諂媚不同的是，人們在對自然施以法術的時候，並不是拜倒在神靈們的腳下俯首稱臣，而是試圖憑藉著某種神祕力量去戰勝自然。巫術的施用增強了他們戰勝困難的勇氣，也點燃了他們心靈中與自然抗爭的火花。的確，這種充滿巫術行為的祈雨方式就像一帖鎮痛劑，使已經絕望了的人們在旱魔面前，又重新振作起來，並與自然進行最後的抗爭。抗爭的結果可能是無望的，但它卻穩定了民心，維護了人的尊嚴，整合了動盪不定的社會秩序。也許有人對巫術的這種社會作用不屑一顧，也許有人一直對精神鴉片的作用耿耿於懷，但就像人類在痛苦難耐之時永遠離不開百無一治的鎮痛劑一樣，非常狀態下的巫術行為以及由此帶來的精神上的慰籍與自信，對於整個社會所起的作用都是不容低估的。

今天，我們常常用「人心不古」一詞來評古論今，這至少說明在人們的記憶中，傳統社會中人心之美好。那麼，在沒有現代教化的古代社會，人們又是憑藉著什麼來建立並維繫整個社會秩序的呢？調查中我們發現，民間宗教在這方面發揮著相當重要的作用。佛教壁畫中描繪的西方淨土與地獄圖，道教教義中〈太上感應篇〉、〈功過格〉自不必說，就是龍王信仰中的善惡報應思想對社會秩序的維護以及對人類精神世界的淨化作用也是有目共睹的。在龍王信仰中，龍王和雷公除布雨功能外，還具有維護傳統社會秩序的功能。龍王廟中龍抓媳婦塑像以及雷劈灰人圖，充分顯現出龍王信仰的多方面價值。在民間，如果祈雨有成，不但莊稼受益，就是整個村落，也會人望大增；如果祈雨失敗，不但莊稼難保，就是祈雨者的人心也會受到種種責難，使人們不得不認真反省，並以此為契機來提高自已的修養。可以說，每次祈雨，無論成功與否，人們都可以在道德層面上得到相應收穫。這種強大的社會功能不可能不受到來自社會的深切關注。

第三，與求子、保平安等宗教行為不同，祈雨不是個人行為，而是一種超越階級、超越民族的地域性群體行動。歷史上，自給自足的小農經濟，很容易使這裡的人們各自為政而缺乏起碼的組織觀念。但是，為了抗旱，同一祈雨組織的所有祈雨成員不僅行動上協調一致，就是在行為目的上也完全統一起來。共同的信念使大家團結成一個整體，處處表現出團結一致的團隊精神。這種精神不僅體現在祈雨村落和祈雨共同體，同時也體現在與之有關的一切村落。正像前面我們所說的那樣，祈雨隊伍每到一地，就會受到來自當地村民的熱情接待，大家的信念只有一個，這便是祈雨求豐年。共同的行為、共同的目的，改善了這裡的人際關係，也使這些村落更為融洽起來，就是歷史上曾經發生過誤會的村落，也會在共同利益的驅動下，修復往日的創傷。在調查中我們很容易發現，作為祈雨共同體的村落之間，人們的交往也往往多於周邊的其他村落。為了維護鄉村社會這種來之不易的團隊精神，以切實維護祈雨共同體中各村落的實際利益，祈雨活動中不但有嚴格的個人禁忌，而且還出現了一些相應的民間習慣法和行之有效的鄉間民主管理制度。這些習慣法對於維護地方社會秩序，發揮過積極作用，有些鄉間民主管理制度甚至沿用至今，為後來的鄉村民主管理，提供了有益參考。

總之，通過龍王信仰歷史作用的評估，我們看到儘管龍王信仰從根本上說是反科學的，但其中也具有不少前科學成分，體現出了許多勞動人民的聰明智慧，同時，作為一種歷史現象，它在大旱降臨之際，為穩定人心、維繫社會正常秩序、改善人際關係、強化人類道德意識、增強民眾團隊精神等方面，確曾發揮過重要作用，這一點是不容抹殺的。

龍王信仰是一本已經泛黃的老黃曆，社會發展到了今天，它可能已經沒有了以往的實用價值，但它對於我們了解歷史，特別是了解最廣大的民眾生活史，卻有著重要作用。作為傳統文化的一部分，我們應該去好好地讀懂它，因為人畢竟是一種具有歷史感的動物，因為畢竟是歷史教會了我們怎樣做人。

後記

在本文的寫作過程中，得到了許多老師和朋友們的關愛與幫助。

這種關愛首先來自我的導師鍾敬文教授和董曉萍教授。鍾先生今年已九十有八，但身體依然硬朗。本篇論文從立意、構思，到論文的寫作直至完稿，一直都是在鍾老的直接關注下完成的。鍾老對學生要求極嚴，加之他那敏捷的思維，使我們在每次彙報時，都不敢有絲毫疏忽。鍾老對我影響最大的還是他分析問題和解決問題的方式，他不止一次地叮囑我站在時代高度去評價歷史才有新意，將歷史上發生過的一切都還原為歷史，並在特定歷史環境中去考察它們存在的價值才算得上客觀公正的道理。董曉萍教授從事華北文化研究多年，具有著相當豐富的田野作業經驗。本課題從原來的純文本研究轉變成今天的以田野作業為主，以歷史考據為輔的研究格局，與董老師的影響不無關係。從中我也確實體會到了田野調查給研究帶來的甜頭和它的獨特魅力，這一點，對我也許會受益終生。

為了本文的寫作，在1999年的幾個月中，我走訪了華北地區的幾個村落，在蹲點調查過程中，結識了不少年輕時參加過祈雨的老社首、老保水、老善愚、畫廟匠人以及唱過雨戲的老藝人。從他們口中，獲得了不少 1949 年以前華北地區祈雨習俗的相關資料。這些受訪者分別是：山西省朔州市肖西河底村村民劉璧，山西省河曲縣坪泉村農民于貴榮、馬在混、黃才，河曲縣下榆泉村村民張挨占、張富歧；河曲縣群藝館幹部張存亮；山西省朔縣大秧歌劇團指導員趙甫仁；山西晉城市五龍河西村紅衣會藝人李守信；柳林縣下嵋芝村村民王振武；延慶下營村村民雲懷貴、趙成和，民間畫廟匠人郭保相；河北赤城縣後城鎮村民王廷花，後城劇團團長閻尚財及其妻子閻玉鳳，民間老藝人宗世榮以及赤城縣董家溝村村民許守明等等。在走訪中，我還分別拜見了山西師範大學的馮俊傑、楊太康、曹戰梅、段友文等專家教授，受益頗豐。在這一課題的調研中，由於方言的限制，山西朔州市文聯副主席范金榮，北京師範大學研究生王傑文等同志，不惜花費大量時間，陪同我深入農村基層，給了我莫大的幫助。他們助人為樂的美好品格，給我留下了深刻的印象。此外，臺灣東大圖書股份有限公司編輯部的同仁，為本書的出版做了很多案頭工作。他們的工作之細，常常令我這個從事過十年編輯工作的人深感汗顏。在此，再一次向他們表示感謝！

在此需要特別感謝的是我的妻子顧軍和我的岳母，為了我能抓緊時間，按時完成畢業論文的寫作，她們主動承擔了全部家務，女兒也被接到岳母家中，為我的寫作創造了必備的一切。在即將置筆之際，我想到了剛剛故去不久的母親。她是個普通農民的女兒，解放後的夜校使她初識過幾個大字，就是她寄給我的一封封家書，也常常需要通過「聽覺」才能破解其中的奧祕。但她那樸實、善良、堅韌、頑強以及樂於助人的美好品格，卻征服過許多善良人的心。就在我剛剛投入博士課程學習的時候，她患上了可怕癌症。為了照顧母親，同時還要顧及學業，那時的我常常奔波於長春、北京之間。身心疲憊到了極點。我母親是個深明大義的人，她一方面思念自己的兒子，希望能在生命的最後時刻讓自己的兒女依護在自己身邊，可另一方面她又不忍讓我放棄學業，辜負了鍾老的厚望。她就是在這種矛盾交織的狀態下走完了自己的一生。當她知道祈雨也值得做博士的兒子去研究時，在自己的最後時刻還在斷斷續續地給我講述著老家富寧人的祈雨故事。可是，那時，她的身體已經崩潰到了極點，有時甚至講著講著就睡著了。我實在不忍心聽著她那有氣無力的講述，以至於到現在我還是因沒有弄清她們村的村名而無法使用這筆可稱之為人生絕唱的史料。一種未名的負疚感常常縈繞在我的心頭，使我潸然淚下。現在，我可以告慰母親的是我終於按時完成了這部書稿的寫作。

母親，您聽到了嗎?

宗教文庫

學習開放傾聽，洗滌心靈，友善分享

經典頌古　吳言生／著

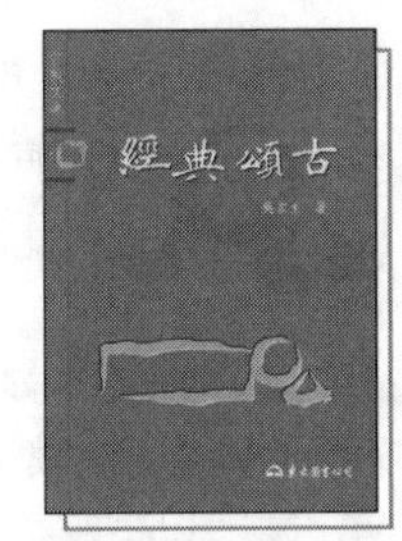

禪宗運用了電光石火的公案，以及吟詠公案的頌古來表現其思想體系。頌古的本意，在於使讀者從諷詠吟頌之間體會古則的旨意，是禪文學的一種形式。本書在總體把握禪宗思想的基礎上，立足於禪本義的立場，對吟詠百則公案的頌古進行分析、欣賞，讓自古以來即喧囂禪林的經典頌古廓然朗現。

佛言佛語——佛教經典概述　業露華／著

佛教經典浩如煙海，除一些佛門高僧外，一般人很少能遍閱藏經。為此，本書主要對佛教經典，特別是對中國佛教的經典作一些歷史性及概要性的介紹，使讀者閱讀本書後，能對佛教經典的產生、內容及在中國社會的流傳情況有更深的了解。

佛教入門　三枝充悳／著　黃玉燕／譯

佛教一直以宗教的立場來開導大眾，使人得到精神安慰。再加上佛教能建立思想，使其成為人們實踐的支柱，這更對各種優異文化的形成、深化、發展等，有很大的貢獻。本書全部圍繞在「何謂佛教」這個主題上，對於佛教入門所必須述及的各種問題，以平實的文字做忠實的敘述，使佛教的整體面貌得以開顯。

宗教學入門　瓦鄧布葛／著　根瑟・馬庫斯／譯

人類的宗教呈現分殊多樣的面貌，這是人類精神所展現的多元現象，也是人類文化的豐富遺產。人類總在理性的盡頭走上信仰，然而，站在人文精神與知識的立場，我們應如何去思索宗教現象，以及探尋關於宗教的可靠知識呢？本書主張把宗教現象視作人類現象來研究，分別從歷史、比較、情境以及詮釋學來充實其內涵，系統性地從幾種不同的學科與途徑來介紹當前的宗教研究，企使宗教建立一門知識性的學科。

宗教文庫

愛與和平的心靈獻禮，生命與價值的融合

何謂禪　鎌田茂雄／著　昱　均／譯

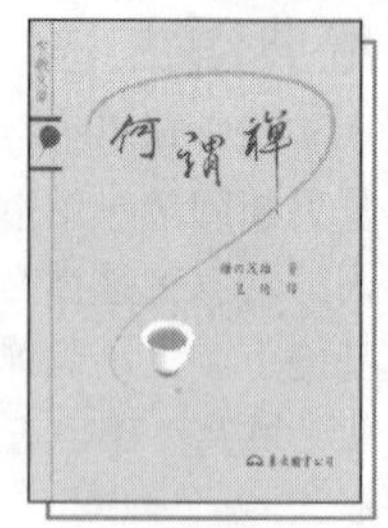

生活在現世的人們，忙碌異常，有如走馬燈似地不停的工作，最後面臨死亡。此時，我們應該安靜地凝視自己的身心，傾聽它們的需求。禪，不僅可以解開心的煩惱，更能調適身體的問題；簡單地說，禪可以匡正生活。若您想使身體保持理想狀態、心胸悠然寬廣，不妨就由閱讀這本禪書開始吧！

中國民間信仰與道教　劉仲宇／著

中國傳統文化中，儒釋道號稱三教，是中國文化的主要支柱。說支柱，同時也就意味著它們不能囊括全部的中國文化。在民間，還有每日每時在日常生活中大量重現的俗文化。民間信仰即俗文化的一部分，對它的了解，是理解民眾精神生活的重要途徑，本書詳述中國民間信仰與道教的互動與發展，使讀者能更加理解鮮活的中國文化。

覺與空──印度佛教的展開　竹村牧男／著　蔡伯郎／譯

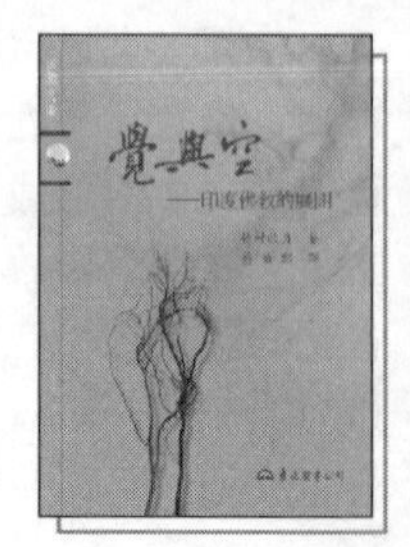

「覺」與「空」，無疑是一切學佛的實踐者與研究者最關注的兩個課題，然而這兩個課題的內容，並不容易說得清楚。事實上，正如作者所說，釋尊之後佛教的種種發展與流轉，無非是圍繞於對這兩個主題的不同闡述與理解。而此書正是以這兩個課題為主軸，透過作者精闢扼要的論述，來探討從釋尊以來佛教的發展與流轉。因此，從中心思想而言，本書有其一貫、鮮明的主旨，而從結構與內容上來說，則可視為是一部生動、簡明的佛教史。

茅山道教上清宗　鍾國發／著

不了解上清宗，就不能真正了解茅山道教；不了解茅山道教，就不能真正了解中國道教；而不了解中國道教，就不能真正了解中國文化和中國人。本書深入淺出地描述以神仙理想和道教活動為主線的歷代茅山文化風貌及其演進，涉及仙山形勝、宮觀格局、隱居心態、存想體驗、洞天福地、山中宰相、丹鼎爐火、符、印劍、宗師統系、教門盛衰等諸多趣聞，並對道教史上的一些疑難問題提出個人見解，可謂雅俗共賞。

國家圖書館出版品預行編目資料

龍王信仰探祕／苑利著.－－初版一刷.－－臺北市；東大，2003
面；　公分－－(宗教文庫)

ISBN 957-19-2750-3　(平裝)

1. 民間信仰－中國

272.79　　92017098

網路書店位址　http://www.sanmin.com.tw

 龍王信仰探祕

著作人　苑　利
發行人　劉仲文
著作財產權人　東大圖書股份有限公司
臺北市復興北路386號
發行所　東大圖書股份有限公司
地址／臺北市復興北路386號
電話／(02)25006600
郵撥／0107175-0
印刷所　東大圖書股份有限公司
門市部　復北店／臺北市復興北路386號
重南店／臺北市重慶南路一段61號
初版一刷　2003年10月
編　號　E 270020
基本定價　肆元貳角
行政院新聞局登記證局版臺業字第〇一九七號

ISBN　957-19-2750-3　(平裝)